象棋谱丛书

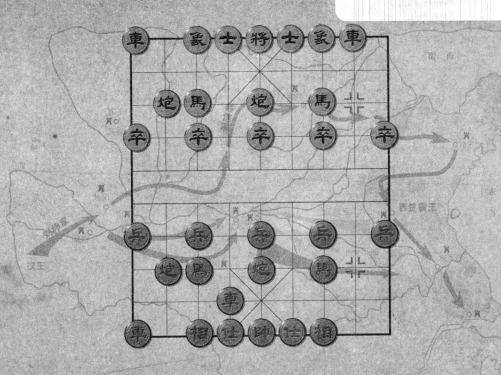

顺炮横车对直车

栾松 栾柏 编

经济管理出版社·棋书中心

图书在版编目（CIP）数据

顺炮横车对直车/栾松，栾柏编 . —北京：经济管理出版社，2014.10

ISBN 978-7-5096-3332-8

Ⅰ.①顺… Ⅱ.①栾…②栾… Ⅲ.①中国象棋—布局（棋类运动） Ⅳ.①G891.2

中国版本图书馆 CIP 数据核字（2014）第 201337 号

组稿编辑：郝光明　王　琼
责任编辑：郝光明　史岩龙
责任印制：黄章平
责任校对：超　凡

出版发行：经济管理出版社
　　　　　（北京市海淀区北蜂窝 8 号中雅大厦 A 座 11 层　100038）
网　　址：www. E-mp. com. cn
电　　话：(010) 51915602
印　　刷：保定金石印刷有限公司
经　　销：新华书店
开　　本：720mm×1000mm/16
印　　张：14.25
字　　数：263 千字
版　　次：2014 年 10 月第 1 版　2014 年 10 月第 1 次印刷
印　　数：1-5000 册
书　　号：ISBN 978-7-5096-3332-8
定　　价：37.00 元

·版权所有　翻印必究·

凡购本社图书，如有印装错误，由本社读者服务部负责调换。

联系地址：北京阜外月坛北小街 2 号

电话：(010) 68022974　邮编：100836

总　序

具有初、中级水平的棋友，如何提高棋力？这是大家关心的问题。

一是观摩象棋大师实战对局，细心观察大师在开局阶段怎样舒展子力、部署阵型，争夺先手；在中局阶段怎样进攻防御，谋子取势、攻杀入局；在残局阶段怎样运子，决战决胜，或者巧妙求和。从大师对局中汲取精华，为我所用。

二是把大师对局按照开局阵式分类罗列，比较不同阵式的特点、利弊及对中局以至残局的影响，从中领悟开局的规律及其对全盘棋的重要性。由于这些对局是大师们经过研究的作品，所以对我们有很实用的价值，是学习的捷径。

本丛书就是为满足广大棋友的需要，按上述思路编写的。全套丛书以开局分类共51册，每册一种开局阵式。读者可以选择先学某册开局，并在自己对弈实践中体会有关变化，对照大师对局的弈法找出优劣关键，就会提高开局功力，然后选择另一册，照此办理。这样一册一册学下去，掌握越来越多的开局知识，你的开局水平定会大为提高，赢棋就多起来。

本丛书以宏大的气魄，把象棋开局及其后续变化的巨大篇幅展示在读者面前，是棋谱出版的创举，也是广大棋友研究象棋的好教材，相信必将得到棋友们的喜爱。

黄少龙

2013. 11. 6

前　言

　　"顺炮横车对直车"是经典古老的布局战术。其特点是变化复杂，搏杀激烈，寓守于攻，惊险壮烈。时而红棋双车犹如两把利剑直插两翼肋道，对黑棋"王府"有致命的威胁；时而双车象眼点穴而形成"二鬼拍门"之势，更是攻城擒王一绝！黑棋在防御中伏击往往出其不意攻其不备，反戈一击，易制强敌于死命。

　　在象棋艺术宝库《金鹏十八变》、《橘中秘》、《自出洞来无敌手》等古谱所载顺炮横车"弃马十三着"更是气吞山河、脍炙人口、攻城杀王的经典佳作！

　　古典顺炮是以"边马"格局争斗，演绎惊险跌宕、雄壮威武战斗大片！

　　20世纪50年代由于杨官璘、王嘉良等众多名手领衔主演，顺炮在全国象棋大赛成为后手反击主战武器！随着时间推移，正马与正马、正马与边马的争斗逐渐展开，各种新式布局战术纷纷在象棋的百花园中缤纷绽放，美不胜收！

　　本书共分五章，精选全国冠军、特级大师、象棋大师、绿林名手、近代名手及古谱经典战局175局，供读者朋友收藏、借鉴与赏析！

　　一书在手饱览天下名局，必将获益匪浅，岂不妙哉！

目　录

第一章 左肋车正马对巡河车

第一节 正马对补左士

第1局 赖汉顺负谢靖

(2004 年 11 月 23 日弈于银荔杯第 13 届亚洲象棋锦标赛)

顺炮正马左肋车对巡河车补左士

1. 炮二平五　炮 8 平 5　　　2. 马二进三　马 8 进 7
3. 车一进一　车 9 平 8　　　4. 车一平六　车 8 进 4
5. 马八进七　士 6 进 5
6. 兵三进一　马 2 进 3（图1）
7. 马三进四　卒 3 进 1
8. 炮八进四　车 8 平 6
9. 车六进三　卒 5 进 1
10. 马四退三? 马 3 进 2!
11. 兵七进一? 卒 3 进 1
12. 车六平七　车 6 退 1!
13. 车七进一　车 6 平 2
14. 马七进六　象 3 进 1
15. 仕六进五　车 1 平 2
16. 马六进八　炮 2 进 2
17. 炮五平八　炮 2 平 1
18. 炮八进七　车 2 退 3

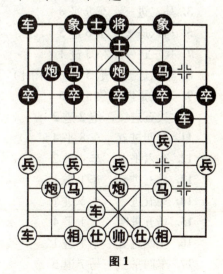

图1

19. 车七平九　卒 1 进 1

20. 兵九进一　车 2 进 5（图2）

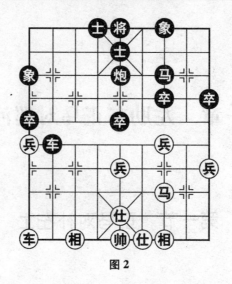

图2

第2局 窦超胜陈振杰

（2010年5月18日弈于合肥第4届全国体育大会）

顺炮正马左肋车对巡河车补左士

1. 炮二平五	炮8平5	2. 车一进一	马8进7
3. 马二进三	车9平8	4. 车一平六	车8进4
5. 马八进七	士6进5	6. 车九进一	马2进3

7. 兵三进一　卒3进1

8. 车六进五　炮5平6（图1）

9. 车九平四　象3进5

10. 兵五进一　炮2进2

11. 车四进五　车8平4

12. 车六平七　车4进2

13. 马七进五　车1进1

14. 兵五进一　卒5进1

15. 马五进四　车1平4

16. 仕四进五　卒7进1

17. 车四平三　马7退6

18. 兵三进一　后车进4?

19. 兵三平二　前车平6

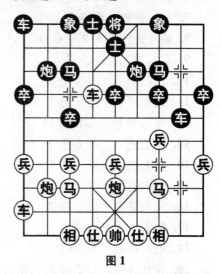

图1

20. 马四进二　炮 6 平 8　　　　**21.** 炮八进一　车 6 平 3

22. 车七进一！车 3 平 2　　　　**23.** 车三进三！车 4 平 5

24. 车七平五（图 2）

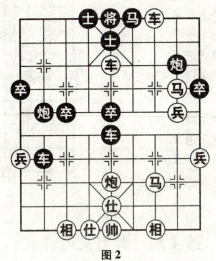

图 2

第 3 局　邓颂宏和许银川

（1990 年 10 月 20 日弈于杭州象棋个人赛）

顺炮正马左肋车对巡河车补左士

1. 炮二平五　炮 8 平 5

2. 马二进三　马 8 进 7

3. 车一进一　车 9 平 8

4. 车一平六　车 8 进 4

5. 马八进七　士 6 进 5

6. 兵三进一　马 2 进 3

7. 车九进一　炮 2 平 1

8. 炮八进四　车 1 平 2（图 1）

9. 车九平八　车 8 平 6

10. 车八进三　卒 1 进 1

11. 兵七进一　卒 7 进 1

12. 兵三进一　车 6 平 7

13. 马三进四　马 3 进 1

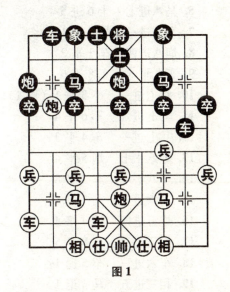

图 1

14. 车六进四?! 车7进1
15. 马四进五　卒1进1
16. 车八进一　马1进2
17. 马七进八　卒1平2
18. 马五进三　炮1平7
19. 炮五进五　象3进5
20. 相七进五　车7进1
21. 车八退一　车7平5
22. 兵九进一　炮7进3
23. 车六退一　炮7退2
24. 车六进二　炮7平5
25. 仕四进五　卒3进1！（图2）

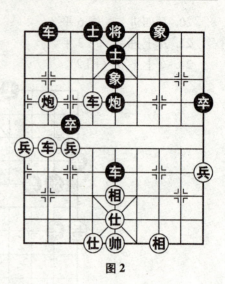

图2

第4局　黄有义胜许波

（1984年4月15日弈于全国象棋团体赛）

顺炮正马左肋车对巡河车补左士

1. 炮二平五　炮8平5　　2. 马二进三　马8进7
3. 车一进一　车9平8　　4. 车一平六　车8进4
5. 马八进七　士6进5　　6. 兵三进一　马2进3
7. 车九进一　炮2平1
8. 炮八进四　车1平2
9. 车九平八　车8平6
10. 兵七进一　卒3进1（图1）
11. 马七进六　车6平4
12. 兵七进一　车4平3
13. 炮八平七　炮5平4
14. 车八平七　车3平8
15. 马六进五　马7进5
16. 炮五进四　炮4平5
17. 炮五退二　车8平5
18. 车六进三　车5退1？
19. 相三进五　马3退1

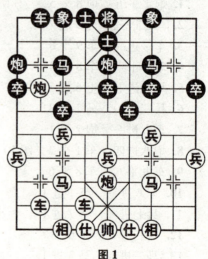

图1

20. 马三进四！ 车5平6　　　21. 炮五进二！ 车6进1

22. 车七平二！ 将5平6　　　23. 炮五平一　 炮5平9

24. 炮七退五　 将6平5　　　25. 炮七平四（图2）

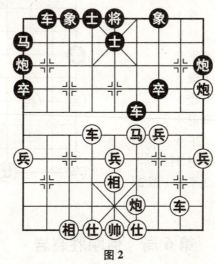

图 2

第5局　何连生负言穆江

（1978 年 9 月 17 日弈于郑州全国象棋个人赛）

顺炮正马左肋车对巡河车补左士

1. 炮二平五　 炮8平5

2. 马二进三　 马8进7

3. 车一进一　 车9平8

4. 车一平六　 车8进4

5. 马八进七　 士6进5

6. 车六进五　 马2进1（图1）

7. 车六平七　 炮2进2

8. 车七退二　 卒1进1

9. 马七退五　 车8平4

10. 炮五平七　 车4进4

11. 马五进四？ 车4平6

12. 马四退五　 将5平6

13. 炮七退一　 炮5进4

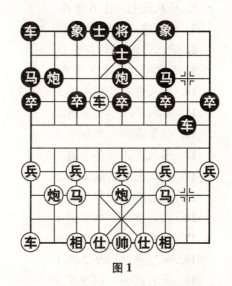

图 1

14. 相七进五　车6退2
15. 车七平五　炮2进2
16. 兵三进一　卒5进1
17. 车五进一　马1进3
18. 车五退二　炮2平5
19. 炮八进一　炮5平2
20. 炮七进五　车1进3
21. 炮七退二　车6进1
22. 兵一进一　炮2退4
23. 炮七平五　车1平6
24. 炮五平四　后车进2!
25. 马三进四　炮2平5（图2）

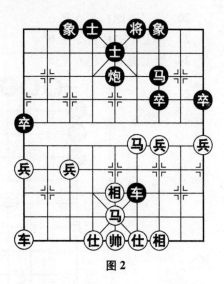

图2

第6局　何刚胜赵岩

（2005年4月18日弈于甘肃全国象棋团体赛）

顺炮正马左肋车对巡河车补左士

1. 炮二平五　炮8平5　　2. 马二进三　马8进7
3. 车一进一　车9平8　　4. 车一平六　车8进4
5. 马八进七　士6进5　　6. 兵三进一　马2进3
7. 车九进一　炮2平1
8. 炮八进四　车1平2
9. 车九平八　车8平6
10. 车八进三　卒1进1（图1）
11. 车六平八　马3进1
12. 前车进一　车6平2
13. 车八进四　卒1进1
14. 兵九进一　炮1进3
15. 兵七进一　车2进2
16. 兵三进一　卒7进1
17. 车八平三　车2进1
18. 车三进二　卒3进1
19. 兵七进一　炮5平3?

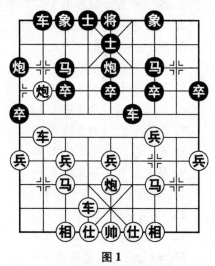

图1

20. 车三平七　炮 1 平 3　　　**21.** 兵七进一！车 2 进 5

22. 炮五进四　象 7 进 5　　　**23.** 炮五平九　炮 3 退 3

24. 兵七进一　车 2 退 1　　　**25.** 马三退五　车 2 退 4

26. 炮九退五（图 2）

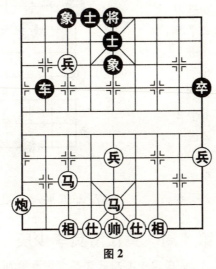

图 2

第 7 局　伍霞胜赵寅

（2004 年 11 月 9 日弈于璧山全国象棋个人赛）

顺炮正马左肋车对巡河车补左士

1. 炮二平五　炮 8 平 5

2. 车一进一　马 8 进 7

3. 车一平六　车 9 平 8

4. 马二进三　车 8 进 4

5. 马八进七　士 6 进 5

6. 兵三进一　马 2 进 3

7. 马三进四　卒 3 进 1

8. 车九进一　车 8 平 6（图 1）

9. 车六进三　卒 5 进 1

10. 马四退三　马 3 进 5

11. 车六进二　卒 5 进 1

12. 兵五进一　炮 5 进 3

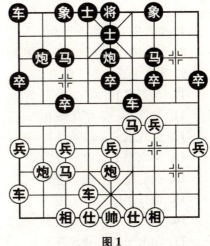

图 1

13. 仕六进五　马5进6
14. 车六退二　马6进7
15. 车六平五　将5平6
16. 炮五平四　将6平5
17. 马七进五　车6进1？
18. 炮四平五！　炮2平5
19. 炮八平三　车6进1
20. 马五退七　车6平7
21. 炮五进五　象3进5
22. 马七进五　车1平2
23. 炮三平五　车2进3
24. 车九平六　车7平9
25. 车五进一　车9平6
26. 马五进四　车2平6

27. 车五平六（图2）

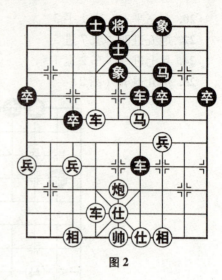

图2

第8局　黄仕清负李少庚

（2010年5月29日弈于山西第2届宇宏杯象棋公开赛）

顺炮正马左肋车对巡河车补左士

1. 炮二平五　炮8平5
2. 马二进三　马8进7
3. 车一进一　车9平8
4. 车一平六　车8进4
5. 马八进七　士6进5
6. 兵三进一　马2进3
7. 车六进五　炮5平6
8. 车九进一　卒7进1（图1）
9. 车九平三　卒7进1
10. 马三退五　车8平7
11. 炮五平三　卒7平6
12. 炮八退一　马7进6
13. 车六平七　象7进5
14. 兵七进一　炮2进4
15. 炮三平四　车7进4
16. 炮八平三　炮2平3
17. 车七平八　马6进8

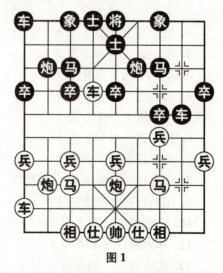

图1

18. 炮四进五　士5进6
19. 兵七进一　车1平2
20. 车八平六　车2进7
21. 兵七进一　马8进6
22. 炮三平四　马6进8
23. 炮四进一　车2进1
24. 车六退三　炮3退2
25. 兵七进一?　马8进9!
26. 炮四退一　马9退7
27. 马七进六　炮3平7
28. 相三进一　车2退1（图2）

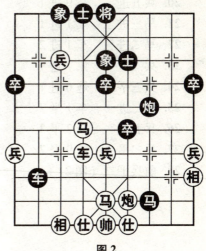

图2

第9局　谢卓淼胜刘勇

（2007年4月20日弈于锦州杯全国象棋团体赛）
顺炮正马左肋车对巡河车补左士

1. 炮二平五　炮8平5
2. 马二进三　马8进7
3. 车一进一　车9平8
4. 车一平六　车8进4
5. 马八进七　士6进5
6. 兵三进一　车8平6?（图1）
7. 车九进一　马2进3
8. 兵七进一!　卒3进1
9. 马七进六　车6平4
10. 兵七进一　车4平3
11. 车九平七　车3进4
12. 车六平七　马3进4
13. 车七进四　马4退6
14. 车七平四　马6退7
15. 马六进五　卒1进1
16. 马五进三　炮2平7
17. 炮八进四　炮5进5
18. 相三进五　炮7平6
19. 炮八平五　将5平6

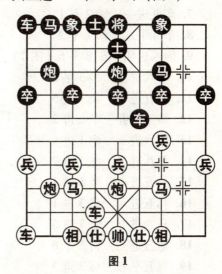

图1

20. 兵五进一　卒 9 进 1
21. 马三进二　卒 1 进 1
22. 马二进三　车 1 进 2
23. 兵三进一　象 7 进 9
24. 兵三平二　炮 6 进 1
25. 兵二进一　卒 1 平 2
26. 兵五进一　卒 2 平 3
27. 兵二平一　象 9 退 7
28. 前兵平二（图 2）

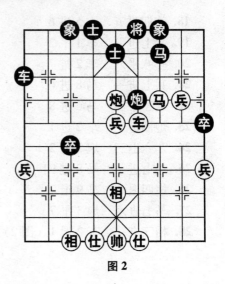

图 2

第 10 局　蔡福如负朱贵友

（1986 年 4 月 20 日弈于邯郸全国象棋团体赛）

顺炮正马左肋车对巡河车补左士

1. 炮二平五　炮 8 平 5	2. 马二进三　马 8 进 7
3. 车一进一　车 9 平 8	4. 车一平六　车 8 进 4
5. 马八进七　士 6 进 5	6. 兵三进一　马 2 进 3

7. 车九进一　炮 2 平 1
8. 车九平八　车 1 平 2
9. 炮八进四　车 8 平 6（图 1）
10. 车六进三　炮 5 平 6
11. 兵五进一　象 3 进 5
12. 马三进五　车 6 进 2
13. 仕六进五　炮 1 进 4
14. 车八进二　炮 1 退 2
15. 兵五进一　卒 5 进 1
16. 马五进六　卒 3 进 1
17. 马六进五　象 7 进 5
18. 炮五进五　将 5 平 6
19. 炮五平三　马 3 进 5

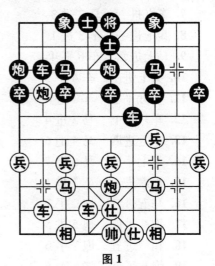

图 1

20. 炮三平二　卒 5 进 1!

21. 车六进二　马 5 进 4

22. 车八退二　炮 6 平 5

23. 炮二退七　炮 1 进 5

24. 相七进五　马 4 进 5?

25. 炮二进二?　马 5 进 3

26. 帅五平六　炮 5 平 4

27. 炮二平六　车 6 退 3

28. 炮八平四　车 2 进 8

29. 炮六进五　炮 1 退 1（图 2）

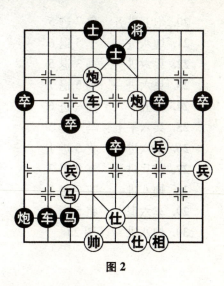

图 2

第 11 局　李启杰胜侯昭志

（1994 年 10 月 7 日弈于郴州全国象棋个人锦标赛）

顺炮正马左肋车对巡河车补左士

1. 炮二平五　炮 8 平 5　　2. 车一进一　马 8 进 7

3. 车一平六　车 9 平 8　　4. 马二进三　车 8 进 4

5. 马八进七　马 2 进 3　　6. 兵三进一　士 6 进 5

7. 车九进一　炮 2 平 1

8. 车九平八　车 1 平 2（图 1）

9. 炮八进四　车 8 平 6

10. 仕六进五　车 2 进 2

11. 车六进三　炮 5 平 6

12. 兵五进一　车 6 进 2

13. 马七进五　炮 1 进 4

14. 车八进二　炮 1 退 2

15. 兵五进一　炮 6 平 5

16. 兵五平六　车 2 退 1?

17. 马五进七!　车 6 平 7

18. 车六退二　卒 7 进 1

19. 马七进九　卒 1 进 1

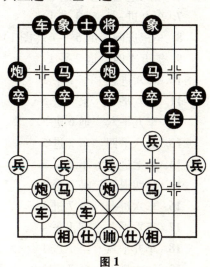

图 1

20. 炮五进五	象7进5
21. 炮八进一	士5退6
22. 兵六进一	马3退5
23. 兵六进一	马5退7
24. 帅五平六	前马进6
25. 兵六平七!	马6进5
26. 车六进七	将5进1
27. 前兵进一	车2平3
28. 炮八进一	车3进1
29. 车六退一	将5退1
30. 炮八进一	（图2）

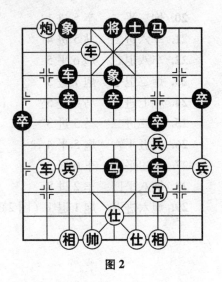

图2

第12局 许文学胜柳大华

（1996年10月22日弈于吴县全国象棋个人赛）

顺炮正马左肋车对巡河车补左士

1. 炮二平五	炮8平5	2. 车一进一	马8进7
3. 马二进三	车9平8	4. 车一平六	车8进4
5. 马八进七	士6进5	6. 兵三进一	马2进3
7. 车九进一	卒3进1		
8. 马三进四	炮5平6（图1）		
9. 炮五平四	炮2平1		
10. 车六进五	车1平2		
11. 车六平七	象7进5		
12. 车九平六	炮6进5		
13. 炮八平四	车2进5		
14. 兵七进一	车2平3		
15. 马四退五	马3退1		
16. 车六进七	卒7进1		
17. 车六平九	炮1平4		
18. 车九平六	卒7进1		
19. 仕六进五	卒7进1		

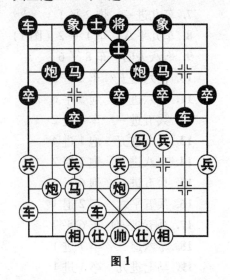

图1

20. 相七进九　车3平7
21. 马五进七　卒7平6
22. 相三进一　车7进2
23. 炮四平六　卒6平5
24. 车七进三　车7平9
25. 相九退七　前卒平4?
26. 炮六进五!　车9平3
27. 炮六进二　卒4平3
28. 车七平八　车8平5
29. 车六退八　前卒平4
30. 炮六退二　象5退3（图2）

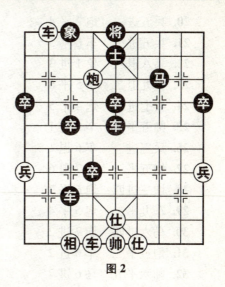

图2

第 13 局　余四海负陈建昌

（2005 年 11 月 3 日弈于太原全国象棋个人赛）

顺炮正马左肋车对巡河车补左士

1. 炮二平五　炮8平5
2. 马二进三　马8进7
3. 车一进一　车9平8
4. 车一平六　车8进4
5. 马八进七　士6进5
6. 兵三进一　马2进1（图1）
7. 马三进四　卒1进1
8. 车六进四　车8平4
9. 马四进六　车1进1
10. 兵九进一　卒1进1
11. 车九进四　车1平4
12. 车九进一　炮2进2
13. 马六进四　炮5平6
14. 炮八平九　炮2平3
15. 炮九进五?　象3进1
16. 马七退九　车4进3!
17. 仕六进五　车4平6
18. 兵七进一　炮3平2
19. 马九进八　象7进5

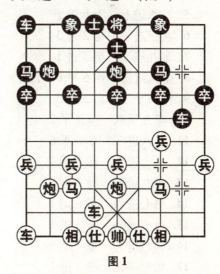

图1

· 13 ·

20. 兵五进一　炮2平4
21. 兵五进一　车6平5
22. 马八退六　象1进3
23. 车九退二　车5平6
24. 兵七进一　炮4平5
25. 帅五平六　卒3进1
26. 兵三进一　车6退1
27. 炮五平三　马7退6
28. 炮三进四　炮6平7
29. 车九平二　炮5平4
30. 马六进四　炮7进2
31. 炮三平二　车6进2
32. 帅六平五　马6进7
33. 炮二进一　炮7平5（图2）

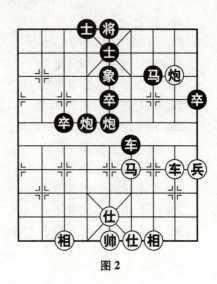

图2

第14局　万春林胜李群

（2003年8月27日弈于上海全国象棋甲级联赛）
顺炮正马左肋车对巡河车补左士

1. 炮二平五　炮8平5
2. 马二进三　马8进7
3. 车一进一　车9平8
4. 车一平六　车8进4
5. 马八进七　士6进5
6. 兵三进一　马2进3
7. 车九进一　卒3进1
8. 炮八进四　炮5平6（图1）
9. 炮八平三　象3进5
10. 车九平八　车1平2
11. 车八进三　车8平6
12. 兵七进一　炮2平1
13. 车八进五　马3退2
14. 马七进六　车6退1
15. 兵三进一　卒3进1
16. 马六进七　炮1平3
17. 相七进九　卒3进1

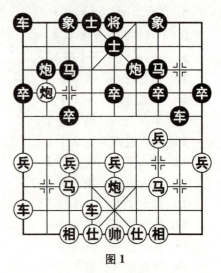

图1

· 14 ·

18. 兵五进一	象7进9	19. 马七进五	象9进7
20. 炮三平五	炮3平4	21. 车六进四	象7退9
22. 仕六进五	将5平6	23. 马三进二	象9退7
24. 车六平三	马7退9		
25. 车三进一	车6平7		
26. 马二进三	炮6平7		
27. 相三进一	象7进5		
28. 马三进五	炮7进4？		
29. 后炮平四！	马9进7		
30. 炮五退一	马7进5		
31. 马五退三	将6平5		
32. 马三退四	炮7平5		
33. 炮四平五	炮5退2		
34. 炮五进三	将5平6		
35. 马四进五	马2进1		
36. 马五进三	将6进1（图2）		

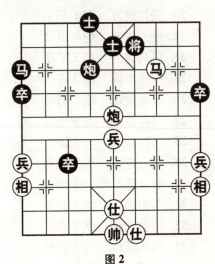

图2

第15局　郑新年胜卜凤波

（1984年4月18日弈于全国象棋团体赛）

顺炮正马左肋车对巡河车补左士

1. 炮二平五	炮8平5
2. 车一进一	马8进7
3. 马二进三	车9平8
4. 车一平六	车8进4
5. 马八进七	士6进5
6. 兵三进一	马2进3
7. 车九进一	卒3进1
8. 车六进五	炮5平6
9. 车九平四	象3进5
10. 炮八进四	车8平4（图1）
11. 车六退一	马3进4
12. 车四进四	马4进3
13. 炮五进四	卒7进1

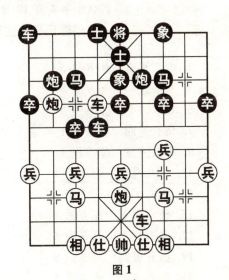

图1

· 15 ·

14. 车四平七 炮6进4	**15.** 炮五退一 卒7进1
16. 车七退一 卒1进1？	**17.** 兵五进一！马3退5
18. 车七平五 车1进3	**19.** 炮八退五 卒7进1
20. 马三进五 车1平7	**21.** 马五进七 炮6平9
22. 仕六进五 炮9退2	**23.** 相七进五 车7平5
24. 后马进六 车5平7	
25. 车五平四 炮2进3	
26. 车四进四 炮2退4	
27. 马六进四 炮9平5	
28. 马四进五 马7进5	
29. 马七进五 车7退1	
30. 后马进七 士5进4	
31. 车四进一 将5进1	
32. 马七进八 象7进5	
33. 马八退六 马5进6	
34. 车四平二 象5退3	
35. 车二退一 将5进1	
36. 炮八进六（图2）	

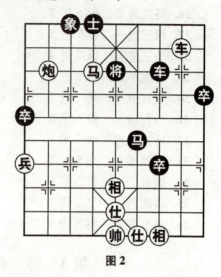

图 2

第 16 局　杨柏林和柏春林

（2008 年 4 月 17 日弈于全国象棋团体赛）
顺炮正马左肋车对巡河车补左士

1. 炮二平五 炮8平5	**2.** 马二进三 马8进7
3. 车一进一 车9平8	**4.** 车一平六 车8进4
5. 马八进七 士6进5	**6.** 兵三进一 马2进3
7. 马三进四 卒3进1	**8.** 炮八进四 车8平6
9. 车六进三 卒5进1	**10.** 马四退六 车6退1（图1）
11. 炮八退二 炮2进1	**12.** 车六进四 炮2平5
13. 车九平八 车1平2	**14.** 马六进五 前炮进3
15. 仕六进五 车6平5	**16.** 马七进五 炮5平4
17. 帅五平六！马7进5！	**18.** 车六退五 炮5平3
19. 炮五进四 马3进5	**20.** 炮八进一 象7进5
21. 车六平七 车6平5	**22.** 炮八平五 车2进9

23. 相三进五　车2退4	24. 车七平五　车2退2
25. 帅六平五　车2平4	26. 仕五退六　卒7进1
27. 车五平四　卒7进1	28. 车四进三　卒9进1
29. 相五进三　卒3进1	30. 仕四进五　卒1进1
31. 帅五平四　车4平3	32. 车四平一　士5退6
33. 炮五退三　士4进5	34. 车一退一　车3进1
35. 兵一进一　车3平9	36. 兵一进一　马5进3
37. 炮五平九　马3退2（图2）	

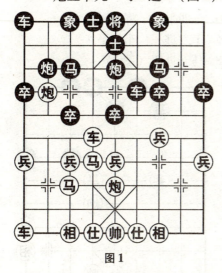

图 1

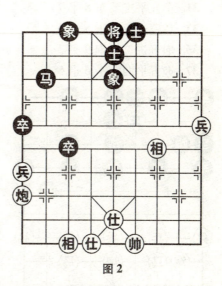

图 2

第 17 局　柳大华胜言穆江

（1984 年 2 月 24 日弈于其他赛事）

顺炮正马左肋车对巡河车补左士

1. 炮二平五　炮8平5	2. 马二进三　马8进7
3. 车一进一　车9平8	4. 车一平六　车8进4
5. 马八进七　士6进5	6. 车六进七　马2进1（图1）
7. 车六平八　炮2平4	8. 兵七进一　卒1进1
9. 仕六进五　炮5平6	10. 兵九进一　卒3进1
11. 车八退四　卒1进1	12. 车八平九　象7进5
13. 兵五进一　车1进1	14. 马七进五　车1平2
15. 炮八平七　炮4进4?	16. 兵五进一　炮4平7

17. 相三进一	卒 5 进 1	**18.** 兵七进一	炮 6 进 6
19. 前车平四	炮 6 平 7	**20.** 仕五退六	车 2 进 5
21. 马五进六	车 8 进 4	**22.** 炮五进五	象 3 进 5
23. 马六进五	马 7 进 5	**24.** 车九进七	前炮进 1
25. 仕四进五	前炮平 9	**26.** 帅五平四	卒 5 进 1
27. 马五进七	马 5 退 4	**28.** 炮七平五	车 8 进 1
29. 帅四进一	车 8 退 9	**30.** 车四进四	车 2 退 6
31. 车九平二	车 8 平 7	**32.** 车二平四	炮 7 平 5
33. 马三进五！	士 5 进 6	**34.** 车四平六	将 5 平 6
35. 炮五进二	炮 9 平 3	**36.** 车六进一！	车 2 平 4
37. 炮五平四	士 6 退 5	**38.** 马五进四（图 2）	

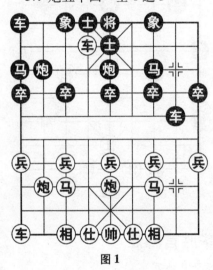

图 1

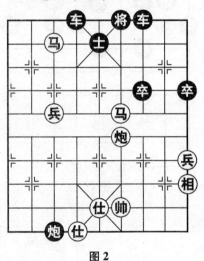

图 2

第 18 局　陈翀胜陈建昌

（2002 年 11 月 3 日弈于宜春全国象棋个人赛）

顺炮正马左肋车对巡河车补左士

1. 炮二平五	炮 8 平 5	**2.** 马二进三	马 8 进 7
3. 车一进一	车 9 平 8	**4.** 车一平六	车 8 进 4
5. 马八进七	士 6 进 5	**6.** 车九进一	马 2 进 3
7. 兵三进一	卒 3 进 1	**8.** 炮八进四	卒 7 进 1（图 1）
9. 兵三进一	车 8 平 7	**10.** 马三进四	车 7 平 6

11. 车六进三　炮5平6

12. 马四退二　车6进2

13. 马二进三　车6平7

14. 马三退五　车7退1

15. 相三进一　车7平6

16. 车九平三　马7进6

17. 车三进八　士5退6

18. 车六进四　车6进4

19. 帅五进一　车6退1

20. 帅五退一　车6进1

21. 帅五进一　炮2平1

22. 炮五平二　士4进5？

23. 炮二进七　车6平8

24. 炮二平四　士5退6

26. 马五进六！车1平2

27. 炮八进一！将5平4

28. 车四退一　马3进2

29. 车四进一　卒3进1

30. 马六进七　马2进4

31. 前马退五　炮1平5

32. 车四进一　炮5退2

33. 车四平五　将4进1

34. 帅五平四　马4退6

35. 车五平六　将4平5

36. 车三平五　将5平6

37. 车六退一　将6进1

38. 车五平四　将6平5

39. 车四退四（图2）

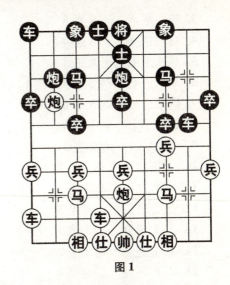

图1

25. 车六平四　马6退5

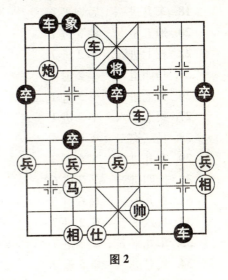

图2

第19局　柳大华胜李来群

（1983年8月24日弈于兰州象棋大师等级称号赛）

顺炮正马左肋车对巡河车补左士

1. 炮二平五　炮8平5

2. 车一进一　马8进7

3. 车一平六　车9平8

4. 马二进三　车8进4

5. 马八进七　士6进5

6. 车六进七　马2进3（图1）

7. 炮八进二　炮5平6

8. 炮八平七　象7进5

9. 车九平八　炮2进2

10. 兵三进一　车1平2

11. 车八进四　卒3进1

12. 炮七进三　炮6平3

13. 马七退五　卒3进1

14. 兵七进一　炮3平2

15. 车八平九　后炮平4

16. 车九平八　炮4平2

18. 车九进一　后炮平4

20. 炮五平七　象3进1

22. 相七进五　车2进7

24. 马四退六　车2退4

26. 兵七进一　卒5进1

27. 兵七平六　卒7进1

28. 马三退二　车6进4

29. 车九进二　车6平3

30. 仕四进五　马7进6?

31. 车九退三!　马6进5

32. 兵六平五　车2平7

33. 车九平五　马5进7

34. 兵五进一　象5退7

35. 马二进三　炮4平8

36. 马三退四　卒7进1

37. 兵五平四　车7进3

38. 兵四进一　卒7进1

39. 兵四进一（图2）

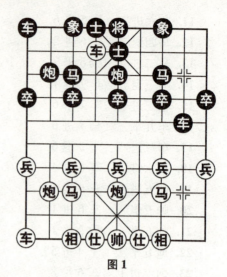

图1

17. 车八平九　卒1进1

19. 马三进四　车8平6

21. 马五进三　炮2平5

23. 炮七退二　卒7进1

25. 马六进五　卒7进1

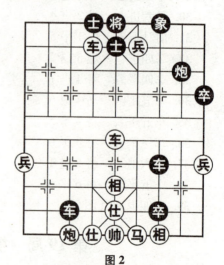

图2

第 20 局　陈丽淳负郭莉萍

(2002 年 11 月 9 日弈于宜春全国象棋个人赛)

顺炮正马左肋车对巡河车补左士

1. 炮二平五　炮 8 平 5
2. 车一进一　马 8 进 7
3. 车一平六　车 9 平 8
4. 马二进三　车 8 进 4
5. 马八进七　士 6 进 5
6. 兵三进一　马 2 进 3
7. 车九进一　卒 3 进 1
8. 炮八进四　马 3 进 2（图 1）
9. 马三进四?　马 2 进 3
10. 炮八平七　车 8 平 6
11. 车六进三　卒 3 进 1!
12. 炮五平四　卒 3 平 4
13. 炮四进三　卒 4 平 5

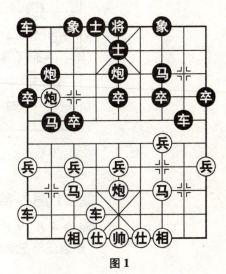

图 1

14. 车九平八　炮 2 平 4
15. 马四退三　象 3 进 1
16. 炮四平七　前卒进 1
17. 车八进五　前卒平 6
18. 相三进五　马 3 退 5
19. 马七进六　炮 4 进 2
20. 仕六进五　炮 4 平 5
21. 马三退二　后炮平 4
22. 后炮退四　卒 6 进 1
23. 前炮退四　马 5 进 4
24. 后炮平六　卒 6 平 5
25. 炮七平五　车 1 平 3
26. 车八平七　车 3 平 2
27. 车七退四　车 2 进 2
28. 马六进四　炮 4 进 6
29. 车七平六　炮 4 平 1
30. 帅五平六　车 2 进 6
31. 炮五进一　炮 1 进 1
32. 相七进五　车 2 进 1
33. 帅六进一　车 2 退 5
34. 马四进三　炮 5 平 4
35. 车六平七　炮 1 平 8
36. 相五退三　车 2 进 2
37. 炮五平七　炮 8 退 3
38. 马三退五　炮 8 平 4
39. 马五退六　车 2 退 1
40. 炮七进一　后炮平 3（图 2）

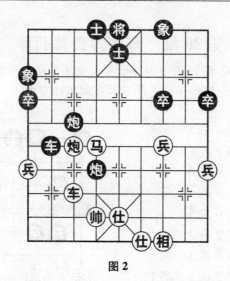

图 2

第 21 局　徐天红胜郑鑫海

（1984 年 4 月 19 日弈于全国象棋团体赛）

顺炮正马左肋车对巡河车补左士

1. 炮二平五　炮 8 平 5
2. 车一进一　马 8 进 7
3. 马二进三　车 9 平 8
4. 车一平六　车 8 进 4
5. 马八进七　士 6 进 5
6. 兵三进一　卒 7 进 1（图 1）
7. 兵三进一　车 8 平 7
8. 马三进四　炮 2 平 4
9. 炮八进四　车 7 平 6
10. 车六进三　马 2 进 3
11. 车九平八　车 1 平 2
12. 炮五平四　车 6 平 7
13. 相七进五　卒 3 进 1
14. 炮八平七　象 3 进 1
15. 车八进九　马 3 退 2
16. 仕六进五　马 2 进 3
17. 车六进二　车 7 平 5？
18. 炮七平八！　车 5 平 7
19. 车六平七　卒 1 进 1

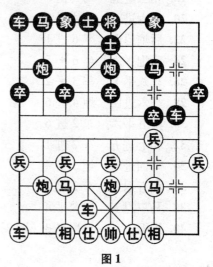

图 1

20. 兵一进一　　象1退3
21. 炮八退六　　象3进1
22. 炮八平九　　士5退6
23. 马七退八　　士4进5
24. 马八进六　　马3退4
25. 炮九平八　　炮4平2
26. 炮八进六　　炮5平4
27. 炮八平五　　马7进5
28. 车七平五　　卒9进1
29. 兵一进一　　车7平9
30. 车五平三　　炮4平6
31. 炮四平二　　车9平6
32. 马四退三　　车6平8
33. 炮二平一　　象7进9
34. 马六进八　　马4进5
35. 车三平五　　象1退3
36. 兵七进一　　炮6平7
37. 马三进四　　车8平6
38. 马四退六　　卒3进1
39. 马八进七　　车6平7
40. 马六进五（图2）

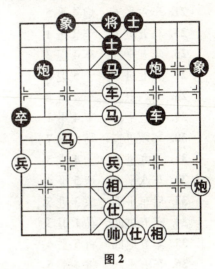

图2

第22局　甘小晋胜康宏

（1984年4月20日弈于全国象棋团体赛）

顺炮正马左肋车对巡河车补左士

1. 炮二平五　　炮8平5
2. 马二进三　　马8进7
3. 车一进一　　车9平8
4. 车一平六　　车8进4
5. 马八进七　　士6进5
6. 兵三进一　　马2进1
7. 马三进四　　车8平6
8. 车六进三　　卒7进1（图1）
9. 炮五平四　　车6平5
10. 兵三进一　　车5平7
11. 相七进五　　炮2平4
12. 车九平八　　车1平2

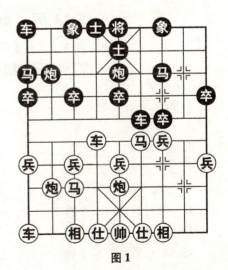

图1

13. 炮八进四	车7进2	14. 仕六进五	炮5进4
15. 车六退一	车7平6	16. 马四进五	车6进1
17. 马七进五	车6退5	18. 后马进三	象7进5
19. 炮八进二	象5进7??	20. 马五退三	车6进3
21. 车六平五	炮4平5	22. 前马进五！	车6平7
23. 马五进七	车2进1	24. 车八进八	车7平4
25. 车五平三	车4退3	26. 马七退九	马7进5

27. 兵七进一　士5退6
28. 车八退五　车4进2
29. 车三平六　车4平1
30. 车六进三　马5进7
31. 马九进七　士4进5
32. 车八平六　炮5平4
33. 后车平五　象3进5
34. 车五进四　马1退3
35. 车五退四　将5平4
36. 车五平八　将4平5
37. 车六平七　车1平4
38. 车七退一　车4平3
39. 兵七进一　马7进5
40. 兵七平六　马5退7（图2）

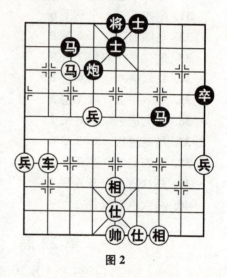

图2

第23局　刘殿中胜牛钟林

（1991 年 5 月 18 日弈于无锡全国象棋团体赛）

顺炮正马左肋车对巡河车补左士

1. 炮二平五	炮8平5	2. 马二进三	马8进7
3. 车一进一	车9平8	4. 车一平六	车8进4
5. 马八进七	士6进5	6. 兵三进一	马2进3
7. 车九进一	卒3进1	8. 车六进五	炮5平6
9. 车九平四	卒7进1	10. 车六平七	象3进5（图1）
11. 炮八进三	车8进2	12. 兵三进一	车8平7
13. 车四进一	炮2退1	14. 炮五退一	炮2平3
15. 车七平八	马7进6	16. 车四进三	车7进1

17. 炮五进一　车7进2
18. 兵五进一　车7退3
19. 炮八退四　卒3进1
20. 兵五进一　卒3进1
21. 兵五进一　马3进5
22. 车八平五　卒3进1
23. 炮八平二　炮6平8
24. 炮五进三　车1平2
25. 相七进五　炮8退1?
26. 车五平一　车7平5
27. 车一进三　车5进1
28. 仕四进五　车5退3
29. 车四平五　卒3平2
30. 帅五平四　车2进6
31. 车五进二!　炮3进8
32. 帅四进一　车2平6
33. 仕五进四　炮8平6
34. 车一平三　炮6退1
35. 炮二进八　车6平8
36. 仕四退五　车8平6
37. 仕五进四　车6平8
38. 仕四退五　车8平6
39. 仕五进四　车6平9
40. 仕四退五　车9进2
41. 帅四进一（图2）

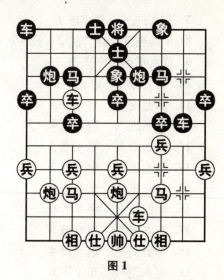

图1

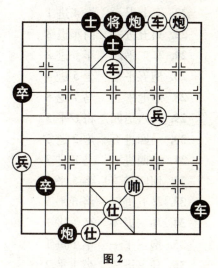

图2

第24局　颜成龙胜汪洋

（2002 年 4 月 6 日弈于济南嘉周杯全国象棋团体赛）

顺炮正马左肋车对巡河车补左士

1. 炮二平五　炮8平5　　2. 车一进一　马8进7
3. 车一平六　车9平8　　4. 马二进三　车8进4
5. 马八进七　士6进5　　6. 兵三进一　马2进3

7. 车九进一　卒3进1

8. 车六进五　炮2进2（图1）

9. 车六平七　车1进2

10. 兵七进一　卒3进1

11. 车七退二　马3进4

12. 马七进六　炮5平4

13. 车七进五　炮4进3

14. 车七退四　炮2退2

15. 马三进四　车8平6

16. 马四进六　将5平6

17. 车九平二　车6进5

18. 帅五进一　炮2进4

19. 炮八退一　车1平6

20. 车七退一　炮4进1

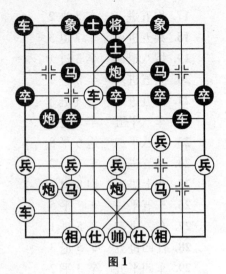

图1

21. 车七退一　炮4平9

22. 兵五进一　前车退3

23. 车七平四　车6进4

24. 车二平四　车6进2

25. 炮八平四　炮9平1

26. 炮五平七　士5进4

27. 炮七进七　士4进5

28. 炮七平三　马7退8

29. 马六退四　将6平5

30. 马四进五　炮2退5

31. 炮四进五　马8进7？

32. 炮四进三！　将5平6

33. 马五进三　将6平5

34. 马三退一　卒1进1

35. 炮三平一　卒1进1

36. 马一进三　卒1平2

37. 兵五进一　炮1平5

38. 马三进二　士5退6

39. 马二退三　士6进5

40. 兵五进一　卒2平3

41. 兵五进一（图2）

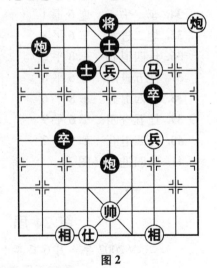

图2

第 25 局　赵鑫鑫和谢靖

（2004 年 11 月 2 日弈于璧山全国象棋个人锦标赛）

顺炮正马左肋车对巡河车补左士

1. 炮二平五　炮 8 平 5
2. 马二进三　马 8 进 7
3. 车一进一　车 9 平 8
4. 车一平六　车 8 进 4
5. 马八进七　士 6 进 5
6. 车九进一　马 2 进 1
7. 兵三进一　炮 2 平 3
8. 马三进四　车 1 平 2 （图 1）
9. 车六进四　车 2 进 4
10. 车六平二　车 2 平 8
11. 车九平六　车 8 平 6
12. 马四进六　炮 3 平 4
13. 炮八进三　车 6 进 2

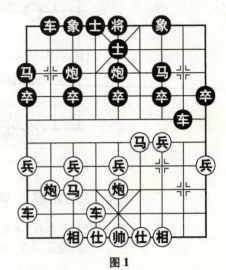

图 1

14. 车六平二　卒 1 进 1
15. 炮八退一　卒 3 进 1
16. 车二进四　马 1 退 3
17. 炮八退一　车 6 退 6
18. 兵五进一　炮 5 进 3
19. 马七进五　炮 5 进 2
20. 相三进五　马 3 进 2
21. 兵七进一　马 2 进 4
22. 车二平六　卒 3 进 1
23. 马五进七　车 6 进 6
24. 炮八进四　象 7 进 5
25. 兵一进一　车 6 平 2
26. 炮八退一　象 5 进 3
27. 炮八平三　象 3 进 5
28. 兵三进一　炮 4 平 2
29. 马七进九　炮 2 进 2
30. 马九退八　炮 2 平 4
31. 炮三平四　马 7 退 8
32. 兵三进一　马 8 进 9
33. 炮四平一　马 9 进 7
34. 炮一平五　马 7 进 6
35. 炮五平八　士 5 进 4
36. 仕四进五?　马 6 进 8
37. 相五进三　将 5 平 6
38. 炮八平四　炮 4 平 5!
39. 仕五进六　马 8 进 6
40. 帅五进一　马 6 退 5
41. 帅五平四　马 5 进 7
42. 帅四平五　马 7 退 9
43. 炮四平六　马 9 进 7 （图 2）

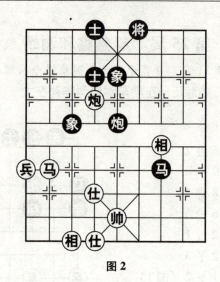

图2

第26局 曹为民负徐天红

（1984年4月22日弈于全国象棋团体赛）

顺炮正马左肋车对巡河车补左士

1. 炮二平五　炮8平5　　　2. 车一进一　马8进7
3. 马二进三　车9平8　　　4. 车一平六　车8进4
5. 马八进七　士6进5　　　6. 兵三进一　马2进3
7. 马三进四　卒3进1

8. 炮八进四　车8平6（图1）

9. 车六进三　卒5进1

10. 马四退六　马3进2

11. 车六进二　卒5进1

12. 兵五进一　卒3进1

13. 车六平三　卒3平4

14. 马六退七? 马2进3!

15. 仕六进五　车6平3

16. 炮五进五　象3进5

17. 后马进九　车1平3

18. 马九进七　前车进2

19. 马七退六　卒4平5

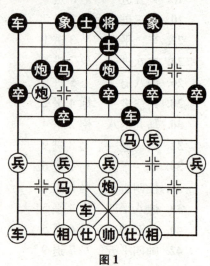

图1

20. 相七进五　后车进3　　21. 车三平七　车3退3
22. 炮八退四　炮2平3　　23. 炮八进七　象5退3
24. 车九平八　马7进5　　25. 车八进三　马5进3
26. 车八平七　象7进5　　27. 炮八退八　车3平5
28. 车七平二　卒5平4　　29. 仕五进六　卒4进1
30. 仕六退五　车5平2　　31. 车二平三　炮3平1
32. 车三退二　炮1进4
33. 仕五进四　炮1进2
34. 炮八退一　炮1进1
35. 炮八平七　炮1平2
36. 车三平六　卒1进1
37. 仕四进五　卒1进1
38. 帅五平四　卒1进1
39. 车六平七　车2进2
40. 帅四进一　马3进5
41. 车七进五　卒4进1
42. 仕五进六　炮2平4
43. 车七退五　马5进4
44. 车七平六　车2进3（图2）

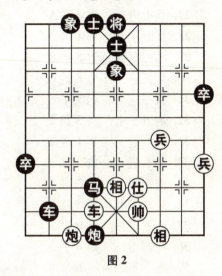

图 2

第27局　陈丽淳胜赵冠芳

（2004年4月16日弈于成都全国象棋团体赛）

顺炮正马左肋车对巡河车补左士

1. 炮二平五　炮8平5　　2. 马二进三　马8进7
3. 车一进一　车9平8　　4. 车一平六　车8进4
5. 马八进七　士6进5　　6. 兵三进一　马2进3
7. 车九进一　炮2平1　　8. 炮八进四　车1平2（图1）
9. 车九平八　车8平6　　10. 兵七进一　车6进3
11. 马三进二　车6退2　　12. 车六进三　车6平4
13. 马七进六　炮5进4　　14. 仕四进五　炮5退1
15. 马六进五　马7进5　　16. 炮八平五　象7进5
17. 车八进八　马3退2　　18. 马二进三　马2进3
19. 帅五平四　炮5平4　　20. 前炮平一　炮1进4

21. 炮五进二！ 炮1平6
22. 炮一平七 马3退1
23. 马三退五 炮6退5
24. 相三进五 炮4退2
25. 帅四平五 将5平6
26. 马五进三 炮6平7
27. 兵七进一 炮4平5
28. 兵七平八 马1进3
29. 马三退四！ 将5平8
30. 兵三进一 炮8进6
31. 兵三进一 炮7平6
32. 炮五平七 马3退2
33. 兵八进一 卒1进1
34. 兵八进一 象3进1
35. 前炮平八 马2进4
36. 兵八平九 象5进3
37. 兵三进一 炮6进3
38. 马四退三 炮8平9
39. 炮七平四 炮6平8
40. 马三进二 将6平5
41. 炮四平五 士5进6
42. 帅五平四 将5平6
43. 炮八平四 将6平5
44. 兵九进一 马4进3
45. 兵三平四（图2）

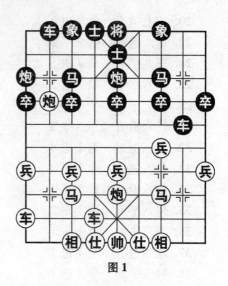

图 1

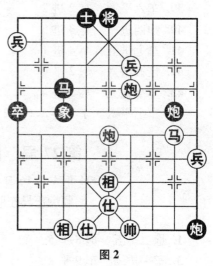

图 2

第28局　陈孝坤负田长兴

（1992年10月31日弈于北京全国象棋个人赛）

顺炮正马左肋车对巡河车补左士

1. 炮二平五　炮8平5
2. 马二进三　马8进7
3. 车一进一　车9平8
4. 车一平六　车8进4
5. 马八进七　士6进5
6. 车六进五　马2进1

7. 车六平七　　炮2进2

8. 车七退二　　卒1进1（图1）

9. 马七退五　　车8平4

10. 兵九进一　　卒1进1

11. 车九进四　　车4进3

12. 炮八退二　　炮5平4

13. 兵三进一　　象7进5

14. 马三进四　　炮2平6

15. 车九平八　　车1进1

16. 炮五平一　　车4平6

17. 马五进三　　车6退1

18. 炮八进二　　炮4进6

19. 仕四进五　　炮6平3

20. 车八进三　　车1平3

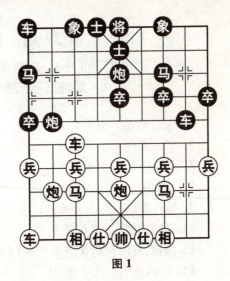

图1

21. 相三进五　　炮4退5

23. 车七平六　　前炮平6

25. 车八退三　　炮6退2

27. 炮八进一　　车6进2

29. 炮七平九　　炮3平1

31. 车六平九　　炮1平4

22. 相七进九　　炮4平3

24. 车六进一　　炮6退2

26. 兵七进一　　炮3平1

28. 炮八平七　　炮1平3

30. 炮九进四　　象3进1

32. 车九进二　　炮4退1

33. 车八进一　　车3进2

34. 马四进三　　卒5进1

35. 前马退五　　车3平5

36. 兵五进一　　马7进6

37. 车九退四　　车6平7

38. 马三进二　　马6进8

39. 车九平二　　车7平9

40. 炮一平四　　马8退7

41. 马五进三　　车5平7

42. 兵五进一　　车9进1

43. 炮四退二　　象5退7

44. 车八退二　　车7平6

45. 车八平四？　炮6进6！（图2）

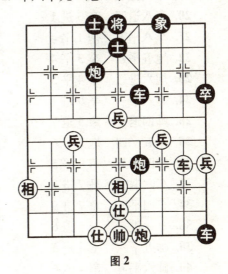

图2

第 29 局　何连生负吕钦

(1986 年 11 月 22 日弈于全国象棋团体赛)

顺炮正马左肋车对巡河车补左士

1. 炮二平五　炮 8 平 5　　2. 马二进三　马 8 进 7

3. 车一进一　车 9 平 8　　4. 车一平六　车 8 进 4

5. 马八进七　士 6 进 5　　6. 兵三进一　马 2 进 3

7. 车九进一　炮 2 平 1　　8. 车九平八　车 1 平 2

9. 炮八进四　车 8 平 6　　10. 兵七进一　卒 3 进 1

11. 马七进六　车 6 进 3

12. 炮八退四？炮 5 进 4（图 1）

13. 仕四进五？车 2 进 7！

14. 车八进一　车 6 平 7

15. 相三进一　车 7 平 9

16. 帅五平四　车 9 进 2

17. 帅四进一　车 9 退 1

18. 帅四进一　马 3 进 4

19. 车八进五　象 7 进 5

20. 车八退四　卒 3 进 1

21. 车八平五　炮 1 平 4

22. 炮五平六　卒 3 平 4

23. 炮六进三　卒 4 平 5

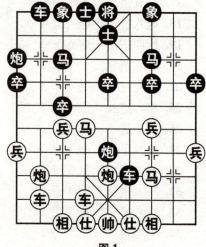

图 1

24. 炮六平一　卒 9 进 1　　25. 车五进一　车 9 退 2

26. 帅四退一　象 5 退 7　　27. 车六进四　炮 4 平 5

28. 车五平四　炮 5 平 6　　29. 仕五进四　卒 9 进 1

30. 帅四平五　车 9 平 5　　31. 相七进五　炮 6 平 5

32. 车六退三　马 7 进 9　　33. 车四进四　马 9 进 8

34. 车四平三　象 7 进 5　　35. 车三平一　马 8 进 9

36. 车一进一　士 5 退 6　　37. 车一退二　车 5 平 8

38. 帅五平六　士 4 进 5　　39. 车六平七　车 8 平 4

40. 帅六平五　车 4 退 6　　41. 车一退三　马 9 退 7

42. 车一进三　卒 5 进 1　　43. 帅五退一　卒 5 进 1

44. 仕六进五　炮 5 进 5　　45. 仕五退六　炮 5 退 1

46. 车一退七　马7进5（图2）

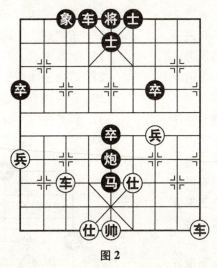

图2

第30局　郑新年负傅光明

（1990年10月16日弈于杭州全国象棋个人赛）

顺炮正马左肋车对巡河车补左士

1. 炮二平五　炮8平5	**2.** 车一进一　马8进7
3. 马二进三　车9平8	**4.** 车一平六　车8进4
5. 马八进七　士6进5	
6. 兵三进一　马2进3	
7. 车九进一　卒3进1	
8. 车六进五　炮5平6	
9. 车九平四　象3进5	
10. 兵五进一　卒7进1	
11. 兵五进一　卒7进1	
12. 马三进五　卒5进1（图1）	
13. 马五进三　马7进6	
14. 车六平四　马6进7	
15. 后车平六　卒5进1	
16. 马三进五　炮6平7	
17. 车四平三　马7退6	

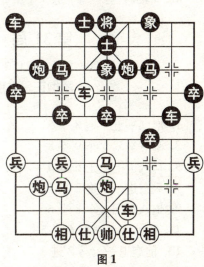

图1

18. 兵七进一	卒 3 进 1	19. 马五退七	车 1 平 3
20. 相七进九	车 8 进 2	21. 车六平四	车 8 平 7
22. 车三退三	马 6 进 7	23. 车四进二	马 7 退 8
24. 炮八进二	马 3 进 4	25. 炮八平五	马 4 进 6
26. 仕四进五?	车 3 进 4!	27. 后炮平四	炮 7 平 6
28. 车四平五	车 3 平 7	29. 相三进五	炮 6 进 5
30. 仕五进四	马 8 进 7	31. 相五进三	马 7 退 5
32. 车五进一	车 7 进 1	33. 前马进六	车 7 进 4
34. 帅五进一	车 7 退 1		
35. 帅五退一	马 6 进 8		
36. 帅五平四	炮 2 平 4		
37. 仕六进五	车 7 进 1		
38. 帅四进一	车 7 退 6		
39. 马六退七	象 5 进 3		
40. 前马进五	车 7 平 5		
41. 车五平二	炮 4 平 6		
42. 马五退四	马 8 进 7		
43. 马七进六	车 5 进 3		
44. 车二平四	炮 6 进 4		
45. 马六退四	车 5 平 6		
46. 车四平三	马 7 退 9 (图 2)		

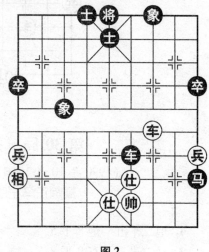

图 2

第 31 局　李冰胜王维杰

(2007 年 4 月 21 日弈于锦州全国象棋团体赛)

顺炮正马左肋车对巡河车补左士

1. 炮二平五	炮 8 平 5	2. 车一进一	马 8 进 7
3. 车一平六	车 9 平 8	4. 马二进三	车 8 进 4
5. 马八进七	士 6 进 5	6. 车九进一	马 2 进 3
7. 兵三进一	炮 2 平 1	8. 车九平八	车 1 平 2
9. 炮八进四	车 8 平 6	10. 车八进三	炮 5 平 6
11. 炮八平五	炮 6 平 5	12. 车八进五	马 3 退 2 (图 1)
13. 前炮退一	马 2 进 3	14. 车六进五	马 7 进 5
15. 兵五进一	炮 5 平 6	16. 前炮平六	马 5 进 4

17. 炮六平五　马4退5
18. 马七进五　炮6进1
19. 车六退五　炮1进4
20. 兵七进一　车6进2
21. 车六平二　车6平8
22. 车二进二　炮1平8
23. 马三进四　炮8平7
24. 马五退七　炮6进1
25. 马七进六　炮7平3
26. 仕六进五　卒1进1
27. 后炮平四　炮3平6
28. 马六进七　卒1进1
29. 马七退六　将5平6
30. 炮四平一　象7进5
32. 炮一进四　卒7进1
34. 炮一平四　卒1平2
36. 相七进五　马5进6
37. 炮四退二　炮6平1
38. 帅五平六　卒2平3
39. 炮三平四　将6平5
40. 后炮平七　将5平2
41. 炮七平九　炮2退3
42. 炮四平七　将5平6
43. 炮七退四　象3进5
44. 仕五进四　象5进3
45. 炮九平八　炮2进1?
46. 炮七平四!　将6平5
47. 炮四平八!（图2）

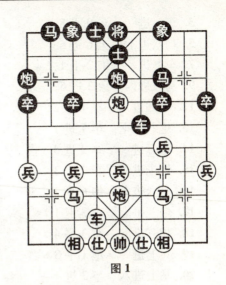

图1

31. 马六进五　马3进5
33. 兵三进一　象5进7
35. 炮五平三　前炮平5

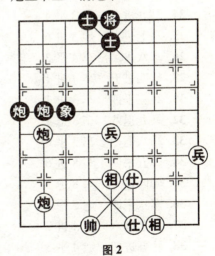

图2

第32局　张影富负李来群

（1984年8月6日弈于承德避暑山庄杯象棋邀请赛）

顺炮正马左肋车对巡河车补左士

1. 炮二平五　炮8平5
2. 马二进三　马8进7

3. 车一进一　车9平8
4. 车一平六　车8进4
5. 马八进七　士6进5
6. 兵三进一　马2进3
7. 车九进一　炮2平1
8. 炮八进四　炮5平6
9. 马三进四　象3进5
10. 车六进四　车8平4
11. 马四进六　车1平2
12. 炮五平三　卒3进1
13. 炮八平七　卒7进1
14. 兵三进一　车2进3　（图1）
15. 炮三进五　车2平3
16. 马六进七　炮6平3
17. 炮三平七　车3退1
18. 相三进五　车3平4
19. 兵七进一　炮1平3
20. 马七进八　卒3进1
21. 马八进九　炮3退2
22. 车九平八　车4进4
23. 兵五进一　车4退3
24. 马九进七　卒3平4
25. 马七进九　炮3进6
26. 车八进二　车4平3
28. 仕四进五　卒4进1
30. 兵三平四　车3进1
32. 马九退八　车3退1
33. 马八退七　车3平8
34. 帅五平四　车8进6
35. 帅四进一　车8退3
36. 车六平四　炮5平4
37. 马七进六　炮4进2
38. 仕五进四　炮4平3
39. 兵四平五　卒3进1
40. 相五进七？卒3平4
41. 相七退九　士5进4
42. 马六进四　将5进1
43. 帅四平五　车8平5
44. 帅五平四　车5平9

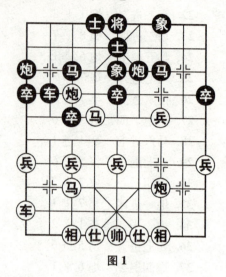

图1

27. 车八进一　炮3平5
29. 车八平六　卒4平3
31. 兵五进一　卒5进1

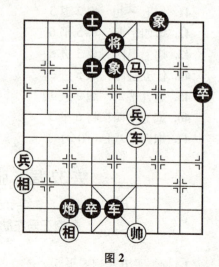

图2

45. 帅四平五	车9平5	**46.** 帅五平四	卒4进1
47. 仕四退五	卒4平5	**48.** 帅四进一	卒5平4！
49. 兵五平四	车5平2	**50.** 仕六进五	车2进1
51. 帅四退一	车2平5	**52.** 帅四退一	车5进1（图2）

第33局　张申宏胜吴亚利

（2009年4月20日弈于凤岗镇季度象棋公开赛）
顺炮正马左肋车对巡河车补左士

1. 炮二平五　炮8平5　　　**2.** 马二进三　马8进7

3. 车一进一　车9平8　　　**4.** 车一平六　车8进4

5. 马八进七　士6进5　　　**6.** 车九进一　马2进1

7. 兵三进一　炮2平4

8. 车九平八　车1平2（图1）

9. 炮八进四　车8平3

10. 车八进二　车3平6

11. 车六进三　卒1进1

12. 车六平四　车6平4

13. 车四平八　车4平6

14. 仕四进五　卒7进1

15. 炮八平九　车2进5

16. 车八进一　炮4平3

17. 炮五平四　车6进2?

18. 马三进四！车6平7

19. 相七进五　卒3进1

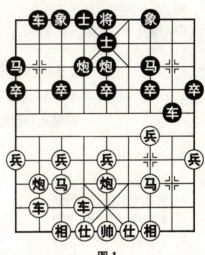

图1

20. 马四进六　炮3退1		**21.** 兵七进一　卒7进1
22. 兵七进一　卒7平6		**23.** 车八平四　车7退2
24. 马七进八　炮5平4		**25.** 兵七进一　炮3平4
26. 兵七进一　后炮进3		**27.** 兵七平六　士5进4
28. 车四平六　炮4平2		**29.** 车六进三　象7进5
30. 车六平八　炮2平6		**31.** 车八退一　士4进5
32. 炮九平五　车7退1		**33.** 炮五平四　炮6平8
34. 马八进六　车7进1		**35.** 马六退四　炮8进5
36. 后炮退二　炮8退9		**37.** 前炮平六　车7平5

38. 炮六进二　炮8平7

39. 炮六平九　马1进2

40. 炮九进一　士5退4

41. 炮四进二　马2进4

42. 车八退二　马4退5

43. 车八进四　马5进3

44. 车八平七　马7退5

45. 车七退二　车5进2

46. 车七平一　马3进2

47. 马四进六　车5平4

48. 马六进五　马5进7

49. 马五进三　将5进1

50. 车一进三　象3进5

51. 炮九平三　象5退7

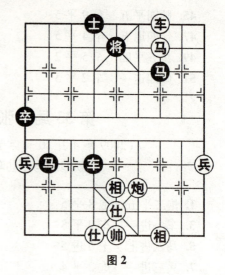

图2

52. 车一平三（图2）

第34局　谭国梁负吕复广

（1991年5月26日弈于无锡全国象棋团体锦标赛）

顺炮正马左肋车对巡河车补左士

1. 炮二平五　炮8平5　　2. 马二进三　马8进7

3. 车一进一　车9平8　　4. 车一平六　车8进4

5. 马八进七　士6进5

6. 兵三进一　马2进3

7. 车九进一　炮2平1

8. 炮八进四　卒3进1（图1）

9. 炮八平七　炮5平6

10. 车六平二　车8平6

11. 车二进五　炮6进1

12. 兵三进一　车6平7

13. 炮七平四　车7进3

14. 车二进一　马3进4

15. 车二平三　象3进5

16. 车三进一　马4退6

17. 车三平四　车7平6

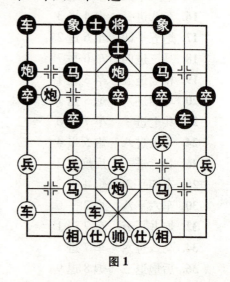

图1

38

18. 车九平八？ 炮1退1！　　19. 车八进七　马6进7！

20. 车四退六　马7进6　　　21. 帅五进一　炮1进1

22. 车八退一　炮1退1　　　23. 车八进一　炮1进1

24. 车八退四　卒3进1　　　25. 兵七进一　车1平3

26. 相七进九　车3进3　　　27. 车八进一　卒5进1

28. 车八平五　车3平2　　　29. 帅五平四　马6进8

30. 车五进一　车2进1　　　31. 车五平三　车2平6

32. 帅四平五　车6进5　　　33. 兵七进一　车6退5

34. 兵七进一　车6平3　　　35. 马七进六　炮1进4

36. 兵一进一　炮1退1　　　37. 马六退四　炮1平2

38. 炮五平二　车3进4　　　39. 帅五退一　炮2进4

40. 相九退七　车3进1　　　41. 帅五进一　车3退1

42. 帅五进一　马8进6　　　43. 帅五平四　马6退4

44. 仕六进五　车3退4

45. 车三平四　车3平8

46. 炮二平一　车8进2

47. 帅四平五　马4退3

48. 帅五平四　车8平7

49. 炮一进四　车7进1

50. 帅四退一　炮2退1

51. 仕五进六　马3进4

52. 马四退五　象7进9

53. 炮一退一　车7进1

54. 帅四退一　车7进1

55. 帅四进一　车7退1

56. 帅四退一　炮2平5（图2）

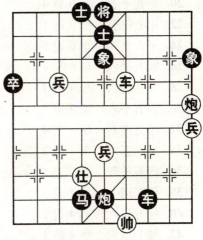

图2

第35局　修过负童本平

（1984年4月22日弈于全国象棋团体赛）

顺炮正马左肋车对巡河车补左士

1. 炮二平五　炮8平5　　　2. 车一进一　马8进7

3. 马二进三　车9平8　　　4. 车一平六　车8进4

5. 马八进七　士6进5　　　6. 兵三进一　马2进3

7. 车九进一　卒 3 进 1

8. 马三进四　车 8 平 6

9. 车六进三　卒 5 进 1

10. 马四进六? 卒 5 进 1（图 1）

11. 马六进五　炮 2 平 5

12. 兵五进一　车 1 平 2

13. 炮八平九　马 7 进 5

14. 车六进二　车 2 进 5

15. 炮九进四　车 2 平 5

16. 炮九平五　马 3 进 5

17. 仕六进五　将 5 平 6!

18. 帅五平六　炮 5 平 4

19. 帅六平五　马 5 进 4

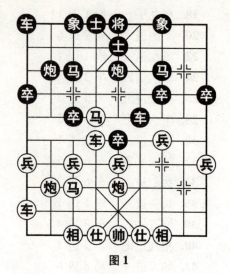

图 1

20. 车九平七　车 6 进 4!

21. 兵七进一　马 4 进 5

22. 相七进五　卒 3 进 1

23. 马七退九　车 5 进 2

24. 车六平四　车 6 退 5

25. 相三进五　炮 4 平 5

26. 帅五平六　车 6 平 4

27. 帅六平五　车 4 进 2

28. 马九进八　车 4 进 1

29. 马八进七　车 4 平 1

30. 帅五平六　象 3 进 1

31. 马七进五　卒 3 进 1

32. 马五进七　卒 3 平 4

33. 车七进五　车 1 进 3

34. 车七退六　车 1 退 2

35. 车七进六　炮 5 平 8

36. 仕五进四　象 7 进 5

37. 仕四进五　车 1 进 2

38. 相五退七　象 1 进 3

39. 帅六平五　将 6 平 5

40. 仕五退六　卒 4 进 1

41. 车七平九　车 1 平 3

42. 马七退六　卒 4 进 1

43. 仕四退五　卒 4 平 5

44. 帅五进一　车 3 平 4

45. 马六进四　炮 8 平 6

46. 马四退五　车 4 退 3

47. 车九平五　卒 9 进 1

48. 马五进六　炮 6 退 1

49. 车五平四　车 4 平 5

50. 帅五平六　车 5 平 9

51. 车四平三　车 9 平 4

52. 帅六平五　车 4 平 5

53. 帅五平六　士 5 进 4

54. 马六进四　士 4 进 5

55. 马四退二　士 5 退 6

56. 马二进三　将 5 平 4（图 2）

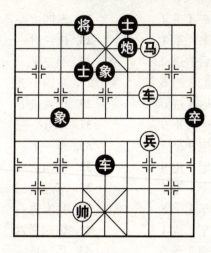

图2

第36局 陈明生负童本平

(1984年4月24日弈于全国象棋团体赛)

顺炮正马左肋车对巡河车补左士

1. 炮二平五　炮8平5　　　2. 马二进三　马8进7

3. 车一进一　车9平8　　　4. 车一平六　车8进4

5. 马八进七　士6进5　　　6. 兵三进一　马2进3

7. 车九进一　卒3进1

8. 车六进五　炮2进2

9. 车六平七　车1进2

10. 兵七进一　卒3进1（图1）

11. 车七退二　炮2退3

12. 炮八进四　马3进4

13. 车七进一　炮5平3

14. 马三进四　炮3进5

15. 车七平六　车8平4

16. 马四进六　车1平4

17. 马六进四　炮2平3

18. 相七进九　车4进1

19. 炮八进一　前炮退4

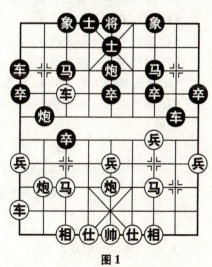

图1

20. 车九平四	车4进4	21. 车四进一	象7进5
22. 炮八平三	车4平1	23. 炮三进一	前炮进6
24. 仕六进五	后炮进2	25. 炮三平一	后炮平6
26. 车四进四	炮3退6	27. 车四平五	车1进2
28. 仕五退六	炮3进6	29. 仕六进五	炮3退8
30. 仕五退六	炮3平9	31. 车五平三	车1退3
32. 车三平一	炮9平7	33. 车一平三	炮7退1
34. 车三平五	炮7进9	35. 仕四进五	车1进1
36. 炮五平四	车1退2	37. 车五退二	车1退1
38. 车五平四	车1平8	39. 兵五进一	卒1进1
40. 帅五平四	卒1进1	41. 炮四平六	炮7退2
42. 炮六进四	炮7平5	43. 兵一进一	卒1进1

44. 车四退一	卒1进1
45. 炮六平一	卒1平2
46. 炮一进三	士5进6
47. 车四进四	炮5平3
48. 车四进二	将5进1
49. 车四退一	将5退1
50. 车四平七?	象5进3
51. 车七平八	炮3进2
52. 帅四进一	炮3平2!
53. 车八平六	卒2平3
54. 车六平八	车8进4
55. 帅四进一	炮2退2
56. 仕五进六	卒3平4
57. 车八退六	卒4平5 (图2)

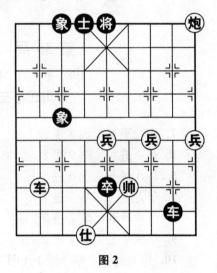

图2

第37局　郭家兴胜许波

（1984年4月23日弈于全国象棋团体赛）

顺炮正马左肋车对巡河车补左士

1. 炮二平五	炮8平5	2. 车一进一	马8进7
3. 马二进三	车9平8	4. 车一平六	车8进4
5. 马八进七	士6进5	6. 兵三进一	马2进3

7. 马三进四　卒 3 进 1

8. 马四进三　炮 2 进 4（图 1）

9. 仕六进五　车 8 平 4

10. 车九进一　炮 5 平 4

11. 马三退四　车 4 平 6

12. 车六进三　炮 2 退 2

13. 炮五平四　车 6 平 5

14. 车六进二　车 1 进 2

15. 车六平八　象 3 进 5

16. 相七进五　车 5 平 8

17. 炮八进二　马 7 进 6

18. 兵七进一　卒 3 进 1

19. 相五进七　卒 1 进 1

20. 车八平七　马 6 退 7

22. 炮八进一!　车 1 平 2

24. 仕五退六　车 2 平 4

26. 炮四平五　马 7 进 8

28. 马六进五　炮 5 进 3

30. 车七退六　车 4 退 6

32. 马四退三　车 4 平 5

34. 前车平三　炮 4 进 2

36. 帅五退一　马 1 退 3

38. 车一平六　炮 7 进 2

40. 车七平九　车 5 平 7

42. 车九平三　车 7 平 6

44. 马一退三　炮 8 退 5

46. 车三进三　炮 8 平 3

48. 车三平六　炮 3 平 7

50. 兵五平六　车 5 平 4

52. 马五退七　车 4 平 1

54. 车六平一　车 9 平 8

56. 仕四进五　车 9 进 1

58. 兵六进一　车 4 平 2

60. 马七进五（图 2）

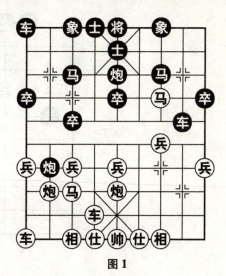

图 1

21. 马七进六　炮 2 平 4?

23. 炮八平二　车 2 进 7

25. 帅五进一　前炮平 5

27. 兵三进一　马 8 进 9

29. 相七退五　马 3 退 1

31. 车九平七　马 9 进 7

33. 前车进五　车 5 进 1

35. 车七进四　炮 4 平 7

37. 车三平一　马 3 进 4

39. 兵九进一　卒 1 进 1

41. 马三进一　炮 7 平 8

43. 车三退一　炮 8 平 3

45. 兵五进一　车 6 平 2

47. 车六平七　车 2 进 1

49. 兵五进一　车 2 平 5

51. 马三进五　马 4 退 3

53. 车七平九　车 1 平 9

55. 车一平二　车 8 平 9

57. 车二平五　车 9 平 4

59. 车九退三　车 2 退 2

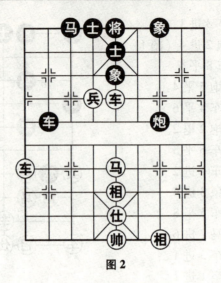

图2

第38局　何连生胜王继荣

（1984年4月24日弈于全国象棋团体赛）

顺炮正马左肋车对巡河车补左士

1. 炮二平五	炮8平5	2. 马二进三	马8进7
3. 车一进一	车9平8	4. 车一平六	车8进4
5. 马八进七	士6进5	6. 兵三进一	马2进3

7. 车九进一　卒3进1

8. 炮八进四　卒7进1

9. 车六进三　炮5平6

10. 车九平四　卒1进1（图1）

11. 车四进五　车1进3

12. 炮八退五　象7进5

13. 车四平三　马7退6

14. 兵三进一　车8平7

15. 车三退一　象5进7

16. 马三进二　象3进5

17. 炮八平一　马6进7

18. 炮五平三　马7进8

19. 炮一平二　马8退9

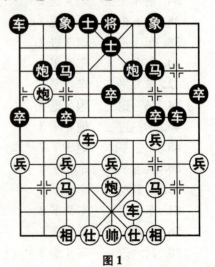

图1

20. 兵五进一　炮2进2　　21. 炮二平五　卒9进1

22. 马七进五　卒9进1　　23. 兵一进一　炮6进3

24. 兵五进一　炮6平9　　25. 马二进四　炮9退1

26. 马四进五　象7退5　　27. 兵五平四　马9进8

28. 马五进三　炮9平6　　29. 炮五进六　士5进6

30. 马三进二　车1退2　　31. 车六平二　炮6退1

32. 炮三平五　车1平8　　33. 马二进四　车8平6

34. 马四退二　炮6平7　　35. 前炮平二　将5平6

36. 仕六进五　车6平8?　　37. 炮二退二　车8进2

38. 车二平四　炮7平6　　39. 炮二平八　马3进2

40. 炮五平四　将6平5　　41. 炮四进四　马2进3

42. 炮四退一！卒1进1　　43. 兵九进一　车8进1

44. 炮四进三　车8退3　　45. 兵九进一　马3退4

46. 车四退一　马4退3　　47. 相三进五　士4进5

48. 帅五平六　车8平9

49. 车四退二　车9平7

50. 炮四退六　车7进3

51. 车四平二　卒3进1

52. 车二进八　士5退6

53. 车二退二　车7平4

54. 帅六平五　马3退4

55. 兵九进一　卒3平4

56. 兵九平八　车4退1

57. 兵八进一　卒5进1

58. 相五退三　车4平5

59. 炮四平一　车5退1

60. 炮一进七（图2）

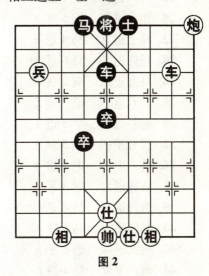

图2

第39局　赵冬负张梅

（2006年4月1日弈于济南全国象棋团体赛）
顺炮正马左肋车对巡河车补左士

1. 炮二平五　炮8平5　　2. 车一进一　马8进7

3. 马二进三　车9平8　　4. 车一平六　车8进4

 5. 马八进七　士6进5

 6. 兵三进一　卒3进1

 7. 炮八进七　车1平2

 8. 车九平八　卒7进1（图1）

 9. 车八进四　卒3进1

10. 车八平七　卒7进1

11. 车七平三　炮2平3

12. 车三平七　炮3进2

13. 马三进四　车8平6

14. 车六进四　象3进1

15. 车六平四　马7进6

16. 马四进六　车2进8

17. 仕四进五　车2平4

18. 马六进四?　士5进6

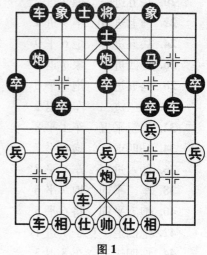

图1

19. 炮五平二　车4退3?

20. 相七进五　炮5平3　　21. 车七平六　马6进4

22. 马七退九　马4退6　　23. 兵七进一　前炮退1

24. 马四退二　马6进5　　25. 炮二平一　后炮平2

26. 马九进八　炮2进3　　27. 兵九进一　马5退4

28. 马八退六　象7进5　　29. 马二进三　卒5进1

30. 炮一进四　卒5进1　　31. 炮一平五　士4进5

32. 帅五平四　卒5进1　　33. 马三退四　卒5平4

34. 马六退七　炮2进4　　35. 炮五平九　卒4平3

36. 马四退六　炮3平4　　37. 兵七进一　象1进3

38. 炮九退一　马4进6　　39. 炮九平八　炮4平6

40. 帅四平五　马6进4　　41. 炮八进一　炮6进2

42. 兵九进一　炮6平5　　43. 兵九平八　炮2平1

44. 炮八平六　马4进6　　45. 帅五平四　马6进8

46. 帅四平五　卒3进1　　47. 炮六平七　卒3平2

48. 炮七平四　卒2平3　　49. 炮四退五　卒3平4

50. 炮四平三　马8退9　　51. 马六退八　卒4平3

52. 马八进六　卒3平2　　53. 相三进一　马9进7

54. 炮三平四　马7进5　　55. 帅五平四　卒2平3

56. 炮四进一　马5退7　　57. 帅四进一　卒3进1

58. 马七进九　卒3平2　　59. 马九进八　马7进8

60. 相一退三　炮 1 平 7 　　　　**61.** 马六进五？炮 7 退 3！

62. 帅四退一　马 8 退 7（图 2）

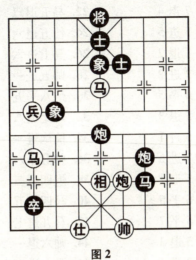

图 2

第 40 局　何刚负邱东

（2004 年 9 月 1 日弈于将军杯全国象棋甲级联赛）

顺炮正马左肋车对巡河车补左士

1. 炮二平五　炮 8 平 5 　　　　**2.** 马二进三　马 8 进 7

3. 车一进一　车 9 平 8 　　　　**4.** 车一平六　车 8 进 4

5. 马八进七　士 6 进 5

6. 兵三进一　马 2 进 3

7. 车九进一　炮 2 平 1

8. 炮八进四　车 1 平 2

9. 车九平八　车 8 平 6

10. 车八进三　卒 1 进 1

11. 车六平八　卒 7 进 1

12. 仕六进五　马 3 进 1

13. 前车平六　车 2 进 2

14. 炮五平四　车 2 平 4

15. 车六进三　士 5 进 4

16. 兵三进一　车 6 平 7（图 1）

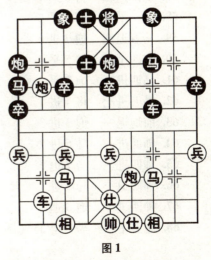

图 1

17. 马三进四	车7进5	18. 车八进四	炮1退1
19. 相七进五	车7退1	20. 马四进五	炮1平5
21. 车八平三	车7退4	22. 马五退三	后炮平6
23. 兵七进一	炮5进5	24. 仕五退六	象3进5
25. 炮四进四	马1退2	26. 马七进六	炮5平2
27. 炮八进一	炮2进2	28. 帅五进一	象7进9
29. 马三进二	炮6平5	30. 炮八平五	炮5进5
31. 马六退七	炮5退3	32. 马七退八	将5进1
33. 炮五平四	将5进1	34. 前炮进一	将5平6
35. 前炮平七	马7进6	36. 帅五平六	马6进5
37. 帅六进一	炮5退1	38. 炮四退三	炮5进1
39. 马二退四	将6平5	40. 马四退五	马2进1
41. 马八进九	炮5平7	42. 马九进七	炮7退2
43. 炮七平四	马5退3	44. 帅六退一	马1进3
45. 马五进七	卒3进1	46. 马七进五	马3进2
47. 帅六平五	卒3进1	48. 帅五平四	马2进4
49. 仕四进五	马4退5	50. 帅四退一	卒3平4
51. 马五进四	炮7退1	52. 前炮平一	士4退5
53. 炮一退二	士5进6	54. 马四退三	马5退6
55. 炮四退一	卒4平5		
56. 马三进五	卒5进1		
57. 炮四进二	将5退1		
58. 炮一平五	卒5平6		
59. 马五退四	炮7进6		
60. 炮四平五	将5平4		
61. 马四进五	炮7平3		
62. 马五进七	将4进1		
63. 前炮退一	炮3进3		
64. 帅四进一	马6进7		
65. 帅四进一	马7退5		
66. 帅四退一	马5进7		
67. 帅四进一	炮3退1		
68. 炮五平六?	马7退5!（图2）		

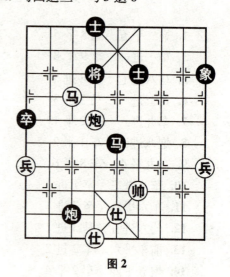

图2

· 48 ·

第41局 邱东胜柳大华

（2000年5月31日弈于第1届全国体育大会）
顺炮正马左肋车对巡河车补左士

1. 炮二平五	炮8平5	2. 车一进一	马8进7
3. 马二进三	车9平8	4. 车一平六	车8进4
5. 马八进七	士6进5	6. 兵三进一	马2进3
7. 车九进一	卒3进1	8. 车六进五	炮2进2
9. 车九平四	卒7进1	10. 车六平七	车1进2

11. 车四进三　炮5平6
12. 兵三进一　车8平7（图1）
13. 车四进二　炮2退3
14. 马三进二　象7进5
15. 车七平六　车7进5
16. 炮八进四　车7退4
17. 马二进三　炮6退1
18. 炮八平七　车1退2?
19. 车六退五　车1平2
20. 兵五进一　炮6平8
21. 车六平二　炮2平8
22. 炮七进二　炮8平3
23. 兵五进一　车7平5

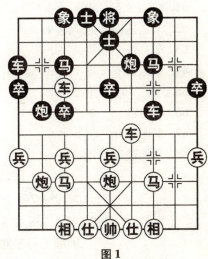

图1

24. 车二进六	马7退6	25. 车四退三	卒5进1
26. 马七进五	车2进3	27. 马三退五!	车2平5
28. 炮五进二	车5进1	29. 车二退三	马3进4
30. 马五退六	炮3进2	31. 仕六进五	马6进7
32. 车四平三	马7进5	33. 炮五进二	车5退1
34. 车二平六	车5进1	35. 车三进三	炮3平5
36. 车三平一	马4退3	37. 车六进二	车5进1
38. 帅五平六	炮5进1	39. 车一进三	士5退6
40. 车六退三	炮5平7	41. 马六进八	车5平2
42. 车六退一	炮7进5	43. 帅六进一	车2进1
44. 车六平三	炮7平9	45. 车三平一	车2进1

46. 前车平四	将5平6	47. 车一平八	马3进4
48. 车八平四	将6平5	49. 车四进一	士4进5
50. 车四平六	马4退6	51. 相七进九	炮9平7
52. 兵一进一	炮7退5	53. 车六进三	马6进5
54. 车六退二	马5进7	55. 车六平三	马7退9
56. 车三平一	卒1进1		
57. 车一进五	士5退6		
58. 车一退四	士6进5		
59. 仕五退六	士5退6		
60. 车一平二	士6进5		
61. 帅六平五	将5平4		
62. 车二进四	炮7退4		
63. 车二退一	将4平5		
64. 车二平三	炮7平6		
65. 车三平四	炮6平7		
66. 车四退二	炮7进4		
67. 车四平九	将5平6		
68. 车九进三（图2）			

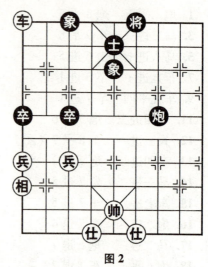

图2

第42局　吕钦胜徐天红

（1992年5月8日弈于杭州全国象棋团体赛）

顺炮正马左肋车对巡河车补左士

1. 炮二平五	炮8平5	2. 车一进一	马8进7
3. 马二进三	车9平8	4. 车一平六	车8进4
5. 马八进七	士6进5	6. 兵三进一	马2进1
7. 马三进四	车8平6	8. 车六进三	卒1进1（图1）
9. 兵七进一	炮5平6	10. 炮五平四	车6平2
11. 车六进一	车2进2	12. 炮八平九	车2平3
13. 炮四进五	车3进1	14. 炮四平七	车3平2
15. 车六平九	炮2进2	16. 兵七进一	卒3进1
17. 炮七平八	车2平3	18. 后车平八	车1平2
19. 车九进二	象3进1	20. 车八进五	士5进4
21. 炮九进五	车3平4	22. 相三进五	马7退5

23. 炮八进一　车4退4
24. 炮九退三　马5进3
25. 车八进二　马3进4
26. 马四进三　卒3进1
27. 相五进七　士4进5
28. 车八退二　马4进5
29. 相七进五　马5进3
30. 仕四进五　车4进3
31. 炮九进二　车4平1
32. 车八进一　马3退4
33. 马三进四　车1平8
34. 兵三进一　将5平6
35. 车八退一　士5退4
36. 炮九进二　马4进6

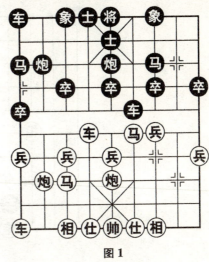

图1

37. 仕五进四　车8进3
38. 帅五进一　车8退1
39. 帅五退一　车8进1
40. 帅五进一　马6退4
41. 马四退六　车8退7
42. 马六退四　车8进6?
43. 帅五退一　车8进1
44. 帅五进一　车8平6
45. 帅五平六　士4进5
46. 马四退五　卒5进1
47. 马五退六　车6退2
48. 仕六进五　车6进1
49. 相五进三　车6退6
50. 炮九退六　马4进6
51. 马六进四　车6进4
52. 帅六退一　车6平3
53. 相三退五　车3平9
54. 炮九退二　车2平4
55. 帅六平五　车4进8
56. 炮九平六　卒5进1
57. 炮八平九　车9平1
58. 车八进四　士5退4
59. 炮九进一　将6进1
60. 车八退一　士4进5
61. 炮九退一　将6退1
62. 兵三进一　车1进2
63. 仕五退四　车1退6
64. 兵三进一　车1进7
65. 仕四进五　车1退1
66. 仕五退四　将6平5
67. 兵三进一　车1进1
68. 仕四进五　车1退1
69. 仕五退四　士5退4
70. 兵三平四　卒5进1
71. 炮九进一　车1退8
72. 车八退一!　士4进5
73. 车八平三　士5退6
74. 车三进二（图2）

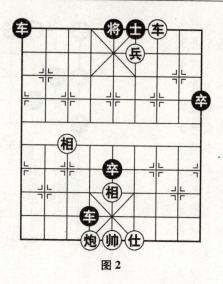

图2

第43局　车兴国负邱东

(2003 年 4 月 22 日弈于兰州全国象棋团体赛)
顺炮正马左肋车对巡河车补左士

1. 炮二平五	炮8平5	2. 马二进三	马8进7
3. 车一进一	车9平8	4. 车一平六	车8进4
5. 马八进七	士6进5	6. 车九进一	马2进3

7. 兵三进一　卒3进1

8. 车六进五　炮2进2

9. 车九平四　卒7进1

10. 车六退二　马7进6

11. 车六平八　炮5平6

12. 车四平八　炮2进3

13. 炮五平八　象3进5

14. 炮八平九　马3进4 (图1)

15. 相七进五　车1平3

16. 炮九进四　车8进3

17. 兵三进一　马6进7

18. 前车平六　马4退3

19. 炮九平七　马3退1

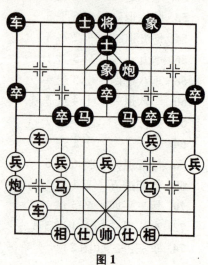

图1

20. 炮七平一 车8平7　　21. 车六平三 车3进2
22. 炮一进二 马1退3　　23. 炮一平三 炮6平7
24. 兵三平二 象5进7　　25. 车三进一 车7平6
26. 炮三平二 马7进6　　27. 炮二退一 象7进9
28. 兵二进一 炮7退2　　29. 炮二进二 士5退6
30. 仕四进五 车6退4　　31. 车三退四 车6平8
32. 炮二平一 车8平6　　33. 仕五进四 马6进4
34. 马七退六 车6进4　　35. 车八平四 车6进1
36. 车三平四 士4进5　　37. 车四进五 车3平4
38. 马六进七 车4进4　　39. 车四平五 车4平3
40. 马七退五 马3进4　　41. 马五进三 车3平1
42. 马三进四 车1进3　　43. 帅五进一 车1退1
44. 帅五退一 车1平8　　45. 马四进三? 车8退8
46. 炮一平三 象9退7　　47. 兵五进一 车8进6
48. 兵一进一 车8平5　　49. 帅五平四 车5平4
50. 马三退五 马4进5　　51. 车五退一 卒3进1
52. 车五平七 卒3平4　　53. 帅四平五 卒4平5
54. 车七进四 士5退4　　55. 车七退五 卒5进1
56. 车七平五 士4进5　　57. 兵一进一 将5平4
58. 兵一平二 卒5平6　　59. 车五平四 车4进3
60. 帅五进一 车4退1　　61. 帅五退一 卒6平7
62. 车四退二 车4退4　　63. 兵二进一 车4平8
64. 兵二平三 车8平7　　65. 车四进二 车7平4
66. 车四退二 车4进5　　67. 帅五进一 车4退3
68. 相三进一 卒7平6　　69. 车四平三 车4退2
70. 相五退三 车4平6　　71. 车三平六 将4平5
72. 车六平八 象7进5　　73. 帅五平六 车6平4
74. 车八平六 车4平7　　75. 兵三平二 车7平6
76. 兵二平三 卒6进1　　77. 相一进三 车6进2!
78. 相三进一 象5退3　　79. 兵三进一 士5进4
80. 车六平七 卒6进1　　81. 车七平五 士6进5
82. 车五平六 车6平5　　83. 车六进四 士5进6
84. 兵三平四 车5进2　　85. 帅六进一 车5进1（图2）

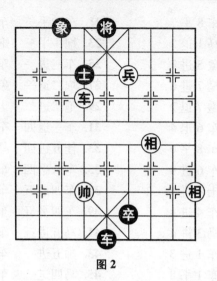

图 2

第二节　正马对巡河炮变化

第44局　杨小康负于红木

（1998年12月10日弈于深圳全国象棋个人赛）

顺炮正马左肋车对巡河车巡河炮

1. 炮二平五　炮8平5
2. 马二进三　马8进7
3. 车一进一　车9平8
4. 车一平六　车8进4
5. 马八进七　炮2进2
6. 炮八平九　马2进3（图1）
7. 车六进五　车8平3
8. 炮五平四　车3进2
9. 相三进五　卒7进1
10. 车九平八　马7进6
11. 车六退一　卒3进1
12. 车六进三　马6进5

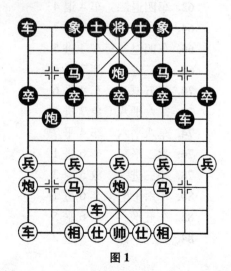

图 1

13. 马七进五　炮5进4
14. 仕四进五　卒3进1
15. 车六退一　车1进2
16. 炮四进一　炮5退2
17. 炮四平五　士6进5
18. 车六退一　象7进5
19. 车六平七　卒3平2
20. 车七退三　炮2进5
21. 车七进三　炮5进3
22. 帅五平四　车1平2
23. 炮九平八　卒2平3
24. 炮八进四　炮5平3
25. 车七平六?　马3进2!
26. 车六平五　车2进1（图2）

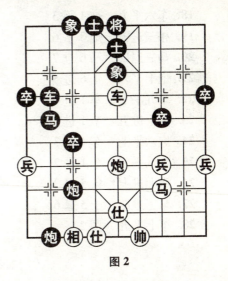

图2

第45局　马有共胜朱祖勤

（1991 年 5 月 19 日弈于无锡全国象棋团体锦标赛）

顺炮正马左肋车对巡河车巡河炮

1. 炮二平五　炮8平5		2. 马二进三　马8进7
3. 车一进一　车9平8		4. 车一平六　车8进4
5. 马八进七　炮2进2		
6. 兵七进一　卒3进1（图1）		
7. 兵七进一　车8平3		
8. 马七进六　车3平4		
9. 车九进一　卒7进1		
10. 车九平七　炮2平3		
11. 车七进三　炮5平3		
12. 车七平八　后炮进7		
13. 仕六进五　马7进6		
14. 炮八进七　前炮平1		
15. 炮五平七　象7进5		
16. 车八进三　炮3平2?		
17. 车八退二　车4进1		

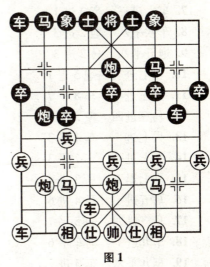

图1

18. 车六平九　炮1平3
19. 相三进五　炮3平6
20. 马三退四　马6进7
21. 炮七平六　士6进5
22. 车九平七　车1进1
23. 车七进五　卒1进1
24. 炮六平七　车4退3
25. 车八平三　车1平2
26. 炮七进七！象5退3
27. 车三进四　士5退6
28. 车七平五（图2）

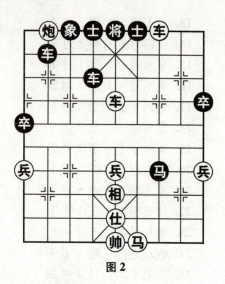

图2

第46局　葛维蒲胜李来群

（1995年10月12日弈于吴县全国象棋个人赛）

顺炮正马左肋车对巡河车巡河炮

1. 炮二平五　炮8平5	2. 马二进三　马8进7
3. 车一进一　车9平8	4. 车一平六　车8进4
5. 马八进七　炮2进2	6. 兵三进一　卒7进1（图1）

7. 车六进三　卒3进1
8. 车六平八　炮2进3
9. 炮五平八　马2进3
10. 相七进五　炮5退1
11. 兵三进一　车8平7
12. 马三进四　象3进5
13. 兵七进一　车1平3
14. 兵七进一　车7平3
15. 马七退五　马3进4
16. 马五进三　马4进6
17. 马三进四　炮5平7
18. 车九进一！前车平6
19. 车九平六　车3进7

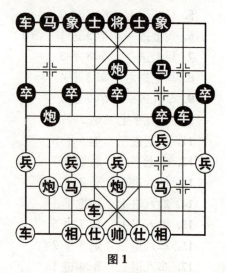

图1

20. 炮八退二　车3退1
21. 车八平六　士6进5
22. 炮八进九　象5退3
23. 炮八平六　象7进5
24. 炮六退三　车3平5
25. 仕六进五　车5平2
26. 后车平七　炮7退1
27. 兵九进一　将5平6
28. 车七退一　卒5进1
29. 炮六进二　车2退5
30. 炮六平七　马7进5
31. 车六进二　马5进7
32. 马四进二　将6平5
33. 马二进一　马7进6
34. 仕五进四　卒5进1
35. 仕四进五　卒5进1
36. 车七进六　车6退2
37. 马一进三　将5平6
38. 车六进二　车2进8
39. 相五退七　马6退5!
40. 车七退四（图2）

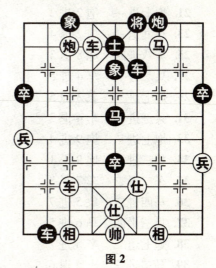

图2

第47局　梅清明负张江

（2002年8月20日弈于越南队访华实录）

顺炮正马左肋车对巡河车巡河炮

1. 炮二平五　炮8平5
2. 马二进三　马8进7
3. 车一进一　车9平8
4. 车一平六　车8进4
5. 马八进七　炮2进2
6. 兵七进一　马2进3
7. 车六进六　车1进2
8. 马七进六　士6进5（图1）
9. 车六退一　卒3进1
10. 马六进七　车1退1
11. 车六退二　炮5平6
12. 车九进一?　炮6进1!

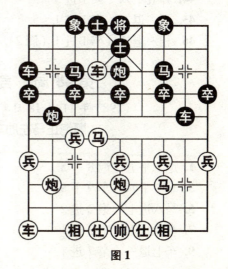

图1

13. 相七进九　车1平3　　14. 炮五平七　炮6平3

15. 炮七进三　象3进1　　16. 车六进二　象1进3

17. 车六平七　象3退5　　18. 兵七进一　车8平3

19. 车七退一　象5进3　　20. 炮八平七　炮2进2

21. 炮七进一　炮2进3　　22. 仕六进五　卒7进1

23. 车九退一　炮2退4　　24. 车九平八　炮2平8

25. 车八进四　炮8退3　　26. 兵三进一　车3平4

27. 兵三进一　车4进5　　28. 车八平二　炮8平9

29. 炮七进一　象3退5　　30. 车二进三　马7退6

31. 兵三进一　车4退2　　32. 马三进四　车4平7

33. 炮七进二　炮9进4

34. 相三进一　炮9平1

35. 车二退二　车7平8

36. 马四进二　象5进7

37. 兵三平四　马6进5

38. 炮七退二　卒5进1

39. 马二进三　士5退6

40. 兵四平五　马5进7

41. 前兵平四　马7进9

42. 炮七进二　士4进5

43. 马三退一　马9进8

44. 帅五平六　象7进5

45. 马一退二　卒1进1

46. 相一退三　卒1进1（图2）

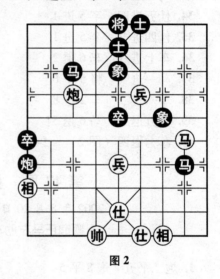

图 2

第 48 局　言穆江胜李来群

（1983 年 11 月 18 日弈于昆明全国象棋个人赛）
顺炮正马左肋车对巡河车巡河炮

1. 炮二平五　炮8平5　　2. 车一进一　马8进7

3. 车一平六　车9平8　　4. 马二进三　车8进4

5. 马八进七　炮2进2　　6. 兵七进一　马2进3

7. 车六进五　卒3进1　　8. 车六平七　车1进2（图1）

9. 车七退一　卒7进1　　10. 马七进六　炮2进2

11. 马六进四　炮2平3

12. 马四进三　炮3退2

13. 前马退二　炮3平8

14. 车九进一　炮8进2

15. 车九平六　士4进5

16. 兵七进一　车1平2

17. 炮八平七　炮8平5

18. 马三进五　炮5进4

19. 仕六进五　象3进5

20. 车六进二　炮5平9

21. 兵三进一　炮9退2

22. 兵三进一　炮9平3

23. 炮七进五　车2平3

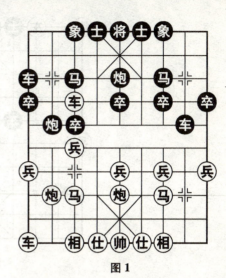

图1

24. 兵三平四　炮3平2

25. 相七进九　炮2进5

26. 帅五平六　车3进3

27. 帅六进一　车3退1

28. 帅六退一　车3进1

29. 帅六进一　车3退2

30. 车六进三　炮2平7

31. 车六平五　车3进1

32. 帅六进一　车3退2

33. 车五平六　车3平5

34. 仕五进四　卒9进1

35. 相九进七　卒9进1

36. 帅六退一　卒9平8

37. 兵九进一　卒8平7

38. 兵四进一　卒7平6

39. 车六退二　卒6进1

40. 仕四退五　炮7退1

41. 帅六退一　炮7进1

42. 帅六进一　炮7退1

43. 帅六退一　炮7进1

44. 帅六进一　炮7退1

45. 帅六退一　炮7平6

46. 兵四平三　炮6平9

47. 兵三进一　炮9进1

48. 帅六进一　炮9退5

49. 兵三进一　炮9平2

50. 兵三平四　炮2退4

51. 帅六退一　炮2平1

52. 车六进二　炮1平4

53. 车六平九　车5退1

54. 车九平七　车5平6

55. 炮五进三　卒6平5

56. 兵四平三　象7进9

57. 帅六平五　车6退1

58. 车七平五　象9进7

59. 炮五平九　卒5平6

60. 炮九进四　炮4进5

61. 车五平八　炮4平7?

62. 车八进三!　士5退4

63. 相七退五　车6平3

64. 兵三平四　炮7平5

65. 帅五平六　车3平4

66. 帅六平五　象5退3

67. 车八平七（图2）

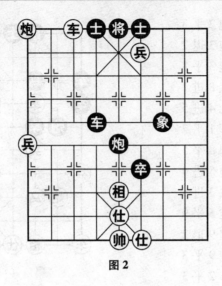

图2

第三节　正马对挺 3 卒变化

第 49 局　刘殿中负孟立国

（1964 年 4 月 30 日弈于杭州全国象棋个人赛）

顺炮正马左肋车对巡河车挺 3 卒

1. 炮二平五　炮 8 平 5
2. 车一进一　马 8 进 7
3. 车一平六　车 9 平 8
4. 马二进三　车 8 进 4
5. 马八进七　卒 3 进 1
6. 车六进三　马 2 进 3（图 1）
7. 车九进一　士 4 进 5
8. 车六进二　车 8 平 4
9. 车九平六? 车 4 进 4
10. 车六退五　卒 7 进 1!
11. 车六进五　象 3 进 1
12. 车六平七　车 1 平 3

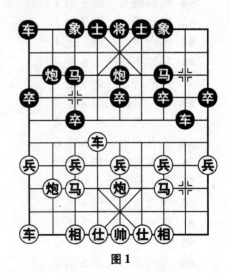

图1

13. 兵五进一	炮5进3	14. 马三进五	卒5进1
15. 仕四进五	马3进5	16. 车七平九	炮2平5
17. 炮五平三	车3平2	18. 炮八平九	车2进6
19. 相七进五	马7进6	20. 兵三进一	马6进5
21. 马七进五	车2平3	22. 兵三进一	象7进9
23. 马五进三	车3平7	24. 相三进一	象9进7
25. 车九退二	前炮进1	26. 炮三平二	马5退7
27. 车九平八	象1退3	28. 炮九平七	前炮平9
29. 炮七进七	炮5进5	30. 仕五进六	车7平1
31. 炮二进四	车1退6		
32. 炮七平八	炮9平3		
33. 相一退三	炮5退2		
34. 马三进五	炮3退1		
35. 车八进三	炮3进4		
36. 帅五进一	象7退5		
37. 马五退三	车1进8		
38. 帅五进一	马7进6		
39. 炮二进三	象5退7		
40. 炮八平四	马6进5		
41. 帅五平四	马5退7		
42. 帅四平五	马7进6		
43. 帅五平四	马5退7		
44. 帅四平五 （图2）			

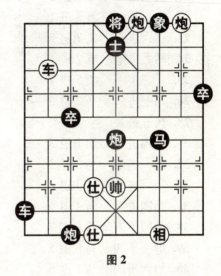

图2

第50局 王一鹏胜陆建洪

（2011年12月25日弈于上海苏昆常沪圣诞友谊交流赛）

顺炮正马左肋车对巡河车挺3卒

1. 炮二平五	炮8平5	2. 车一进一	马8进7
3. 马二进三	车9平8	4. 车一平六	车8进4
5. 马八进七	卒3进1	6. 兵三进一	士6进5
7. 车九进一	炮2平3	8. 相七进九	卒3进1
9. 相九进七	马2进1	10. 马三进四	车1平2 （图1）
11. 车六进四	车2进4	12. 车九平六	卒1进1

13. 前车平二　车2平8
14. 车六进四　车8平4
15. 马四进六　马1进2
16. 炮八进二　炮3平1
17. 炮五平三　卒5进1
18. 相七退五　马7进5
19. 兵七进一　炮1进4?
20. 马七进九　卒1进1
21. 兵七进一!　马5进3
22. 炮八平七　象3进1
23. 马六进五　象7进5
24. 马九退七　卒7进1
25. 兵三进一　象5进7

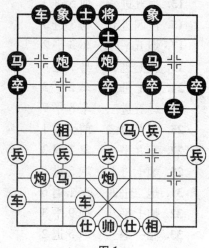

图1

26. 马七进六　马2进3
28. 兵五进一　卒1平2
30. 仕四进五　象1退3
32. 炮一进四　马2进3
34. 兵一进一　马3退4
36. 马四进六　马4退6
38. 帅四平五　马8退7
39. 炮一平四　马6退5
40. 炮六平四　马7退6
41. 马六进七　士5进4
42. 兵一进一　将6进1
43. 马七退八　马5进3
44. 兵一平二　象7退9
45. 兵二进一　将6平5
46. 兵二进一　象9退7
47. 兵二平三　马6进8
48. 兵三进一　马8退7
49. 后炮退三　马7进6
50. 后炮平二　将5平4
51. 炮四平六（图2）

27. 马六进四　卒5进1
29. 炮七平六　前马退5
31. 炮三平一　马3进2
33. 帅五平四　将5平6
35. 仕五进四　马5进6
37. 仕六进五　前马进8

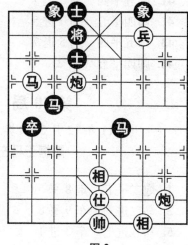

图2

第二章 左肋车正马对巡河车正马

第一节 红巡河炮变化

第 51 局 阎文清胜朱琮思

（2005 年 5 月 4 日弈于上海全国象棋大师冠军赛）

顺炮左肋车正马巡河炮对巡河车正马

1. 炮二平五　炮 8 平 5
2. 马二进三　马 8 进 7
3. 车一进一　车 9 平 8
4. 车一平六　车 8 进 4
5. 马八进七　马 2 进 3
6. 炮八进二　卒 3 进 1（图 1）
7. 车六进五　士 4 进 5
8. 炮八平三　马 3 进 4
9. 车九平八　炮 2 平 3
10. 车六平五　卒 7 进 1
11. 炮三平九　象 3 进 1
12. 车五平九　炮 3 进 4?
13. 兵三进一！马 7 进 6
14. 车九平三　车 1 平 4
16. 兵三平二　前马进 3
18. 炮三平六　炮 5 平 4
20. 炮六平二（图 2）

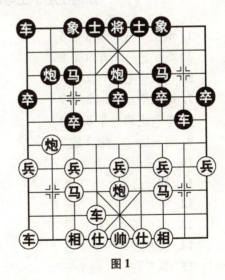

图 1

15. 兵三进一　马 6 进 4
17. 炮九平三　象 7 进 9
19. 炮六进三　马 3 进 2

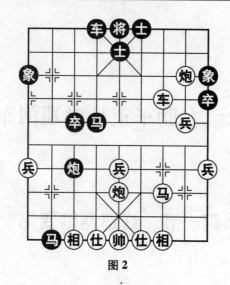

图2

第52局　王琳娜胜文静

（2006年11月24日弈于深圳全国象棋个人赛）
顺炮左肋车正马巡河炮对巡河车正马

1. 炮二平五　炮8平5	2. 马二进三　马8进7
3. 车一进一　车9平8	4. 车一平六　车8进4
5. 马八进七　马2进3	6. 炮八进二　炮2进2（图1）

7. 炮八平三　炮2平7

8. 车六进四　车8进2

9. 炮三进二　炮7进3

10. 炮三退四　车8平7

11. 炮三进五　车7退4

12. 车九平八　车7进7

13. 车八进六　炮5平7

14. 兵五进一　车1进2

15. 兵五进一　炮7平5

16. 车八平七　卒5进1

17. 车六平五　炮5退1?

18. 车五进三!　将5进1

19. 马七进五　象7进5

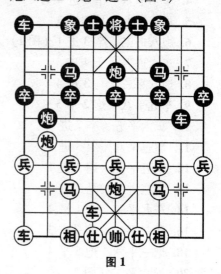

图1

20. 马五进六　象5进7　　　21. 马六进四（图2）

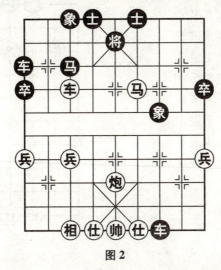

图2

第53局　张培俊负赵利琴

（2003年4月22日弈于兰州全国象棋团体赛）

顺炮左肋车正马巡河炮对巡河车正马

1. 炮二平五　炮8平5　　　2. 马二进三　马8进7

3. 车一进一　车9平8　　　4. 车一平六　车8进4

5. 马八进七　马2进3

6. 炮八进二　炮2进2

7. 炮八平三　炮2平7

8. 车六进六　车1进2（图1）

9. 车九平八　炮7进2

10. 相三进一　士6进5

11. 车六退一　卒3进1

12. 车六平七　卒1进1

13. 兵七进一　卒3进1

14. 车七退二　马3进4

15. 车七进一　车1平3

16. 车八进五　车3进2

17. 车八平七　车8平7

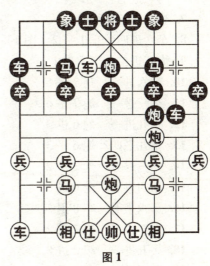

图1

18. 炮五退一　象3进1

19. 车七平九　炮5平3

20. 马七进六　象7进5

21. 炮五平八　象1退3

22. 炮八进六?　炮3平4！

23. 马六退七　车7平6

24. 炮三平六　卒7进1

25. 炮六进三　马4进6

26. 车九平四　马7进6（图2）

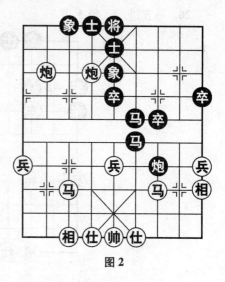

图2

第54局　侯昭忠负赵国荣

（1995年5月7日弈于峨嵋全国象棋团体赛）

顺炮左肋车正马巡河炮对巡河车正马

1. 炮二平五　炮8平5

2. 马二进三　马8进7

3. 车一进一　车9平8

4. 车一平六　车8进4

5. 马八进七　马2进3

6. 炮八进二　炮2进2

7. 炮八平三　炮2平7

8. 车六进四　车1平2（图1）

9. 炮三进二　卒5进1

10. 车六进一　马7进5

11. 兵三进一　炮7平6

12. 车九进一　炮6进3

13. 车九平四?　炮6平3

14. 马三退五　炮3平2

15. 车四进五　士6进5

16. 车六平七　车8退1！

17. 炮五进三　炮2进2

18. 兵五进一　车2进8

19. 马五进四　车2平6

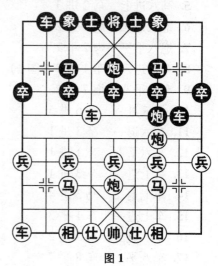

图1

20. 炮五进二　象7进5　　　21. 兵五进一　马5进3

22. 马四退六　车6平4!　　　23. 仕四进五　车8进5

24. 车四退五　车8平6　　　25. 马六退四　前马进4

26. 马四进三　车4平5（图2）

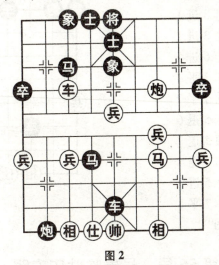

图 2

第 55 局　吕钦胜于幼华

（1984 年 2 月 1 日弈于其他赛事）

顺炮左肋车正马巡河炮对巡河车正马

1. 炮二平五　炮8平5

2. 车一进一　马8进7

3. 马二进三　车9平8

4. 车一平六　车8进4

5. 马八进七　马2进3

6. 炮八进二　卒3进1

7. 车六进五　象3进1

8. 炮八平五　车8平4（图1）

9. 车六平七　车1平3

10. 车九平八　马3退5

11. 前炮进三　象7进5

12. 车七平九　车3进2?

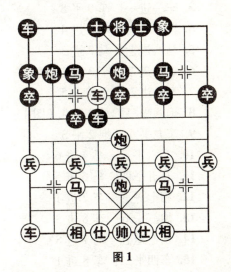

图 1

13. 兵五进一！马5退3

15. 兵五进一　卒5进1

16. 马五进三　卒5进1

17. 车九平三　卒3进1

18. 车三进一　卒3进1

19. 炮五平二　卒3进1

20. 炮二进七　士6进5

21. 车八进六　车3平4

22. 仕四进五　前车平7

23. 车三进二　士5退6

24. 车三退一　象5退7

25. 马三进二　车7退4

26. 车三进一　将5进1

27. 炮二退一　车7平8

28. 车八平五（图2）

14. 马三进五　车4进2

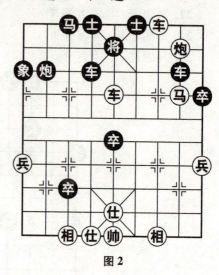

图2

第 56 局　吴贵临胜庄宏明

（2005 年 8 月 2 日弈于第 9 届世界象棋锦标赛）

顺炮左肋车正马巡河炮对巡河车正马

1. 炮二平五　炮8平5

3. 车一进一　车9平8

4. 车一平六　车8进4

5. 马八进七　马2进3

6. 炮八进二　卒3进1

7. 车六进五　士4进5

8. 炮八平三　马3进4（图1）

9. 车九平八　炮2平3

10. 车六平五　马4进6

11. 车五平四　马6进5

12. 相七进五　卒7进1

13. 炮三平五　车8进3

14. 马七退五　马7进8?

15. 车四平二！车8进1

2. 马二进三　马8进7

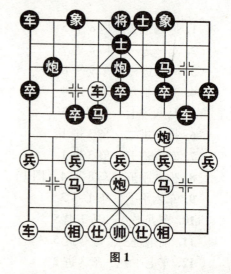

图1

· 68 ·

16. 车八进八　炮3进4
17. 炮五进一　卒7进1
18. 兵三进一　马8进9
19. 车二平三　象7进9
20. 马三进一　炮3平9
21. 车三平一　车8退4
22. 炮五进三　炮9平1
23. 炮五平一　车1进2
24. 马五进七　炮1进3
25. 车八退八　炮1退4
26. 车八进九　车1平3
27. 车一平九　炮1平3
28. 炮一平九（图2）

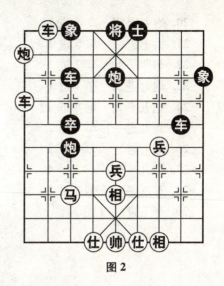

图2

第57局　梁运龙胜周新平

（2013年10月5日弈于凤岗象棋公开赛）

顺炮左肋车正马巡河炮对巡河车正马

1. 炮二平五　炮8平5
2. 马二进三　马8进7
3. 车一进一　车9平8
4. 车一平六　马2进3
5. 马八进七　车8进4
6. 炮八进二　炮2进2
7. 炮八平七　炮2平3
8. 车九平八　士6进5（图1）
9. 兵三进一　卒7进1
10. 马三进四　卒7进1
11. 马四进六　马3退1
12. 车六进三　车8平7
13. 马六进四　马7进6
14. 车六进一　马1进3
15. 车八进一　炮5平6
16. 马四进二　车7退2
17. 车六平四　炮6平8
18. 炮七进二　象3进5
19. 兵七进一　炮3进3

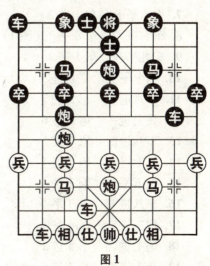

图1

20. 炮七退四　车1进2
21. 兵七进一　象5进3
22. 车四平七　卒7进1
23. 炮七进二　卒1进1
24. 炮五平九　炮8进4?
25. 兵九进一!　车1退2
26. 炮七进三　车1平3
27. 炮九平七　车7平4
28. 车八平三　炮8平5
29. 车三进二（图2）

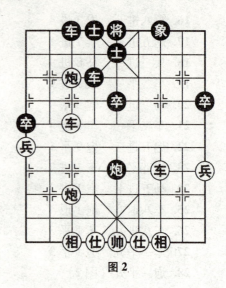

图2

第58局　吕钦胜吴震熙

（2005年8月3日弈于第9届世界象棋锦标赛）

顺炮左肋车正马巡河炮对巡河车正马

1. 炮二平五　炮8平5	2. 马二进三　马8进7
3. 车一进一　车9平8	4. 车一平六　车8进4
5. 马八进七　马2进3	6. 炮八进二　炮2进2

7. 炮八平七　车1进2

8. 车六进六　车8平3（图1）

9. 车九平八　车1平2

10. 炮七平三　士6进5

11. 车六退一　车3平7

12. 兵七进一　炮5平6

13. 车八进四　象7进5

14. 马七进六　炮2退1

15. 炮五平七　炮2平4

16. 车八进三　车7平4

17. 炮三进三　车4进1

18. 炮七进四　卒5进1

19. 相七进五　炮4进6

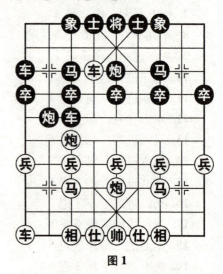

图1

20. 兵三进一　马3进5?
21. 炮三平五! 将5平6
22. 炮五退二　炮6进4
23. 马三进二　炮6平1
24. 马二进三　车4进3
25. 马三进二　将6进1
26. 仕四进五　炮1进3
27. 车八退七　炮4平7
28. 车八进七　炮7平9
29. 马二退三（图2）

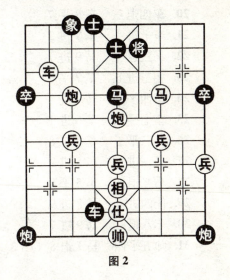

图2

第59局　姚洪新负徐超

（2007年6月27日弈于全国象棋甲级联赛）

顺炮左肋车正马巡河炮对巡河车正马

1. 炮二平五　炮8平5	2. 车一进一　马8进7
3. 车一平六　车9平8	4. 马二进三　车8进4
5. 马八进七　马2进3	6. 炮八进二　炮2进2

7. 炮八平三　炮2平7
8. 车六进四　车1平2
9. 炮三进二　士6进5
10. 兵三进一　炮7平5（图1）
11. 兵七进一　后炮平6
12. 车九进一　卒3进1
13. 车六平七　象7进5
14. 车七进一　车2进4
15. 炮五进三? 车2平5
16. 车九平四　车8退1!
17. 车四进五　马7退8
18. 马七进六　马8进9
19. 马六退四　炮6进4

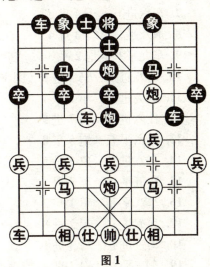

图1

71

20. 车四退三　车8平7
21. 车七进一　车7进2
22. 马三退一　马9进7
23. 相三进五　车7平6
24. 车四平三　马7进8
25. 车七平八　车6进1
26. 车三平二　车6平8
27. 马一进二　车5进2
28. 马二退四　车5平6
29. 仕四进五　马8进9
30. 车八退一　马9进7
31. 帅五平四　马7退8（图2）

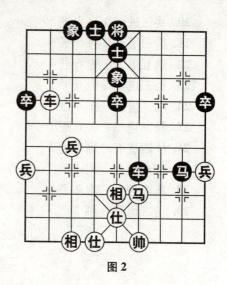

图2

第60局　赵汝权负于幼华

（2007年1月3日弈于五羊杯全国象棋冠军邀请赛）

顺炮左肋车正马巡河炮对巡河车正马

1. 炮二平五　炮8平5
2. 马二进三　马8进7
3. 车一进一　车9平8
4. 车一平六　马2进3
5. 马八进七　车8进4
6. 炮八进二　卒3进1
7. 车六进五　士4进5
8. 炮八平三　马3进4
9. 车九平八　炮2平3
10. 车八进四　马4进3（图1）
11. 炮五进四　车8平7
12. 仕六进五　马7进5
13. 车六平五　炮5平8
14. 车八进二　象3进5
15. 车五平三　车7退1
16. 车八平三　车1平2
17. 兵五进一　车2进8
18. 马三进五　马3进1
19. 车三平六　炮8进4

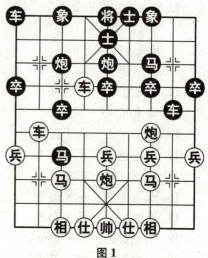

图1

20. 相三进五　马1进3
21. 车六退五　车2退2
22. 车六平七　炮8平5
23. 马七进六　车2平4
24. 车七平八　卒3进1
25. 车八进八　炮3退2
26. 马六进七　将5平4！
27. 马七进八　将4进1
28. 炮三进四　士5进6
29. 马八退七　炮3进2
30. 车八退一　将4退1
31. 炮三平六　车4退3
32. 马七进九　炮3进7
33. 马九进八　炮3退3！（图2）

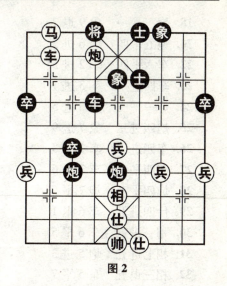

图2

第 61 局　　杜光伟负许银川

（2006 年 8 月 5 日弈于第 24 届省港澳埠际赛）

顺炮左肋车正马巡河炮对巡河车正马

1. 炮二平五　炮8平5
2. 车一进一　马8进7
3. 马八进七　车9平8
4. 马二进三　马2进3
5. 车一平六　车8进4
6. 炮八进二　炮2进2
7. 炮八平七　车1进2
8. 车九平八　炮2平7
9. 车八进五　车8进1
10. 马三退一　卒1进1（图1）
11. 车八平四　士4进5
12. 兵三进一　车8平7
13. 相三进一　车7进1
14. 炮七平三　车7平9
15. 炮三进二　象7进9
16. 马一进三　车9平7
17. 炮三退三　马7进6

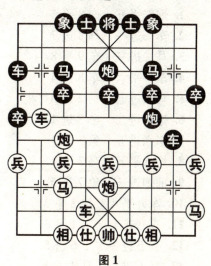

图1

73

18. 炮三平一　象9退7
20. 炮五平四？炮6进3
22. 车六平四　车2进5！
23. 车四进一　卒3进1
24. 炮一平三　象3进5
25. 炮四进三　象7进9
26. 车四进二　车2平3
27. 车四平一　车3平6
28. 炮四平三　炮7平5
29. 仕四进五　车6退1
30. 相一进三　车6平5
31. 相七进五　炮5进3
32. 相三退五　车5平7
33. 相五进三　卒9进1
34. 车一平二　车7平3
35. 车二进三　象9退7（图2）

19. 马三进四　炮5平6
21. 炮四进三　车1平2

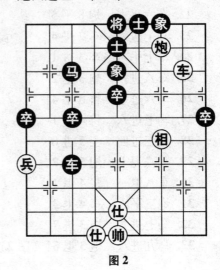

图 2

第 62 局　　陈孝坤负王嘉良

（1982 年 9 月 26 日弈于其他赛事）

顺炮左肋车正马巡河炮对巡河车正马

1. 炮二平五　炮8平5
2. 车一进一　马8进7
3. 马二进三　车9平8
4. 车一平六　车8进4
5. 马八进七　马2进3
6. 炮八进二　卒3进1
7. 车六进五　象3进1
8. 炮八平五　马3进4
9. 前炮进三　象7进5
10. 车九平八　炮2平3
11. 车八进七　车1平3
12. 兵五进一　士6进5
13. 兵五进一　马4进3

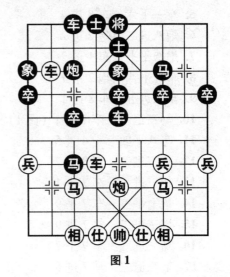

图 1

14. 车六退三　车 8 平 5 （图 1）　　15. 马三进五　车 5 平 8

16. 车八平九　马 3 退 2　　　　　　17. 车九平八　卒 3 进 1

18. 车六进二　车 8 平 4　　　　　　19. 马五进六　马 2 退 4

20. 车八退五?　卒 5 进 1　　　　　　21. 马七进五　炮 3 进 7

22. 仕六进五　卒 3 平 4　　　　　　23. 马五进三　炮 3 平 1

24. 帅五平六　车 3 进 9

25. 帅六进一　车 3 退 5

26. 炮五进五　将 5 平 6

27. 车八平四　士 5 进 6

28. 炮五退一　士 4 进 5

29. 马三进二　车 3 进 4

30. 帅六退一　车 3 进 1

31. 帅六进一　马 4 进 2

32. 炮五平四　将 6 平 5

33. 车四平八　马 2 进 3

34. 帅六进一　卒 4 进 1

35. 帅六平五　卒 4 平 5

36. 帅五平六　将 5 平 4！（图 2）

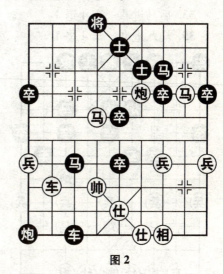

图 2

第 63 局　李旭英负胡荣华

（1981 年 12 月 18 日弈于第 1 届亚洲城市名手邀请赛）

顺炮左肋车正马巡河炮对巡河车正马

1. 炮二平五　炮 8 平 5　　　　　　2. 马二进三　马 8 进 7

3. 车一进一　车 9 平 8　　　　　　4. 车一平六　车 8 进 4

5. 马八进七　马 2 进 3　　　　　　6. 炮八进二　卒 3 进 1

7. 炮八平三?　马 3 进 4！　　　　　8. 车九平八　炮 2 平 4 （图 1）

9. 车六平四　车 1 进 2　　　　　　10. 车八进八　士 6 进 5

11. 车八平六　马 4 进 3　　　　　　12. 车四进五　车 8 平 7

13. 车四进二　卒 5 进 1　　　　　　14. 车四平三　象 7 进 9

15. 炮三平二　车 7 平 8　　　　　　16. 兵三进一　马 3 进 5

17. 相三进五　车 1 平 2　　　　　　18. 仕四进五　车 2 进 1

19. 车六平七　车 2 平 6　　　　　　20. 车七进一　卒 7 进 1

21. 马七进六　卒 7 进 1　　　　　　22. 相五进三　炮 5 进 4

23. 相三退五 车6平7		**24.** 马三进五 炮4退1	
25. 车三退一 车7退1		**26.** 马六进四 车7平6	
27. 炮二平四 车6平4		**28.** 炮四平八 车4平2	
29. 炮八平三 卒5进1		**30.** 马四进六 车2平5	
31. 马五退七 车8平4		**32.** 马六进七 车5平3	
33. 后马进八 车4退1		**34.** 炮三进四 将5平6	
35. 马八进九 车4平1		**36.** 炮三平六 车1平4（图2）	

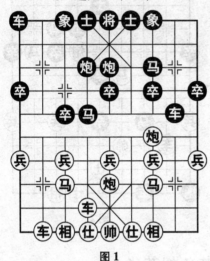

图1

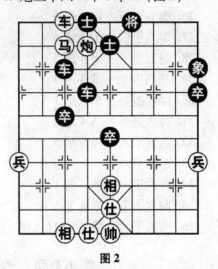

图2

第64局　陈幸琳胜玉思源

（2007年9月9日弈于呼和浩特全国象棋个人赛）

顺炮左肋车正马巡河炮对巡河车正马

1. 炮二平五 炮8平5		**2.** 车一进一 马8进7	
3. 马二进三 车9平8		**4.** 车一平六 车8进4	
5. 马八进七 马2进3		**6.** 炮八进二 卒3进1	
7. 车六进五 士4进5		**8.** 炮八平三 马3进4	
9. 车九平八 炮2平3		**10.** 车八进四 马4进3（图1）	
11. 炮五进四 车8平7		**12.** 马三退五 马7进5	
13. 车六平五 象7进9		**14.** 炮三进二 马3退4？	
15. 兵三进一！车7平6		**16.** 相七进五 马4进6	
17. 车五退二 车6退1		**18.** 车五平四 车6平7	

19. 兵五进一　车7平4　　20. 车八平六　车4进2
21. 马七进六　炮3平2　　22. 马六退七　车1平2
23. 兵五进一　炮2进6　　24. 车四平八　车2进5
25. 马七进八　炮2进1　　26. 相五退七　炮2平1
27. 兵五进一　卒3进1　　28. 马八进七　炮5进6
29. 仕四进五　炮1平2　　30. 相三进五　卒3进1
31. 兵九进一　炮2退7　　32. 兵一进一　象9退7
33. 兵三进一　炮2平9　　34. 马七退八　炮9进3
35. 马八进九　炮9平6　　36. 兵三平二　炮6退4
37. 马九进七（图2）

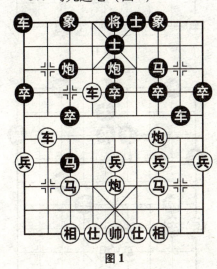

图1

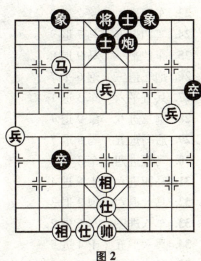

图2

第65局　吴贵临胜庄宏明

（2009 年 5 月 24 日弈于淮安象棋国际名人赛）

顺炮左肋车正马巡河炮对巡河车正马

1. 炮二平五　炮8平5　　2. 车一进一　马8进7
3. 马二进三　车9平8　　4. 车一平六　车8进4
5. 马八进七　马2进3　　6. 炮八进二　卒3进1
7. 车六进五　炮5平6　　8. 车六平七　象3进5（图1）
9. 炮八平三　车8平7　　10. 车九平八　车1平2
11. 炮五进四　马3进5　　12. 车七平五　炮2进5

13. 车五平四　士6进5

14. 相七进五　炮6退2

15. 兵五进一　马7退9

16. 马三进五　马9进8

17. 仕六进五　卒9进1

18. 兵七进一　卒9进1

19. 兵一进一　马8进9

20. 兵七进一　车7平3

21. 马五进七　炮2进1

22. 兵五进一　马9进7

23. 车四进二　象7进9

24. 车四退五　马7退9

25. 车四平一　马9退8

26. 炮三退三　炮6平7

27. 兵五平六！车3退1

28. 炮三进八　象9退7

29. 后马进五　马8退7

30. 马五进四　车3平6

31. 马四进六　士5进4

32. 马七退六　炮2退3

33. 车八进三　车6进2

34. 兵六平五　士4进5

35. 兵五进一　卒7进1

36. 车一平二　马7进9

37. 车二进四！（图2）

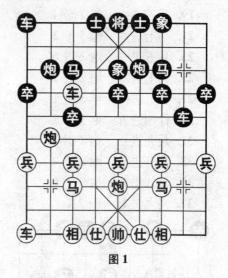

图 1

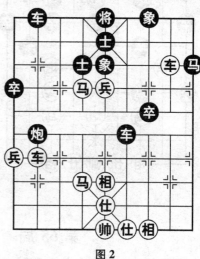

图 2

第66局　吴贵临胜张强

（2005年5月25日弈于启新高尔夫杯全国象棋甲级联赛）

顺炮左肋车正马巡河炮对巡河车正马

1. 炮二平五　炮8平5　　　2. 马二进三　马8进7

3. 车一进一　车9平8　　　4. 车一平六　车8进4

5. 马八进七　马2进3　　　6. 炮八进二　卒3进1

7. 车六进五　士4进5

8. 炮八平三　马3进4

9. 车九平八　炮2平3

10. 车六平五　马4进6（图1）

11. 车五平四　马6进5

12. 相七进五　卒7进1

13. 炮三平五　车8进2?

14. 车四平三　炮3平4

15. 车八进八!　车8平7

16. 马三退五　卒3进1

17. 兵七进一　将5平4

18. 兵七进一　卒1进1

19. 兵七进一　炮5平6

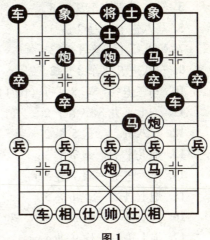

图1

20. 车八退三　马7退9

21. 车三平一　马9进7

22. 车一平三　马7退9

23. 兵七平六　炮4退1

24. 车八平五　炮6平5

25. 车三退一　车7退2

26. 车五平三　车1进3

27. 车三平七　象3进1

28. 车七进一　车1平3

29. 兵六平七　马9进7

30. 炮五平六　士5进4

31. 炮六进四　将4进1

32. 马七进六　炮5退2

33. 兵七平六　将4退1

34. 马五进七　士6进5

35. 兵一进一　象7进9

36. 马六进七　炮5平9

37. 后马进六　炮9平5

38. 马七进八（图2）

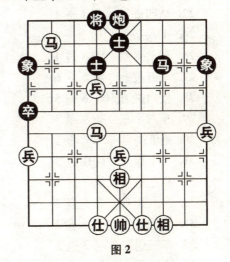

图2

第67局　陈幸琳负张婷婷

（2007年9月5日弈于呼和浩特全国象棋女子个人赛）

顺炮左肋车正马巡河炮对巡河车正马

1. 炮二平五　炮8平5　　　2. 车一进一　马8进7

3. 马二进三　车9平8

4. 车一平六　车8进4

5. 马八进七　马2进3

6. 炮八进二　炮2进2

7. 炮八平七　车1进2

8. 车九平八　炮2平7

9. 车八进五　车8进2

10. 马三退一　车8平7 （图1）

11. 炮七平九　车1平2

12. 车八进二　炮5平2

13. 炮九平七　炮7平3

14. 车六进七　象7进5

15. 炮七进二　士4进5

16. 兵七进一　炮3平9

17. 炮七进三? 炮9进4

18. 炮七平九　炮2进2!

19. 兵七进一　炮2平1

20. 马七进六　炮1退4

21. 马六进四　车7平6

22. 马四进五　炮1进1

23. 车六退二　马3退2

25. 车七进三　士5退4

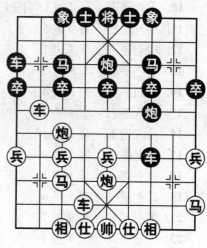

图1

24. 车六平七　马2进4

26. 车七平六　将5进1

27. 马五进七　将5平6

28. 仕六进五　士6进5

29. 车六平三　炮9平7

30. 炮五平四　车6平5

31. 马七退八　炮1进5

32. 相七进五　炮1进3

33. 马八退六　车5退2

34. 炮四平三　马4进2

35. 车三退二　马2进3

36. 车三进一　将6进1

37. 马六进七　马3进2

38. 车三进一　车5进2

39. 仕五进六　马2进4 （图2）

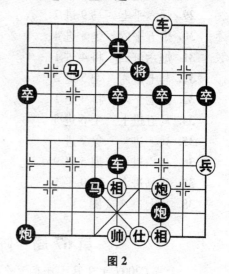

图2

第68局　张民革胜高明海

（1993 年 4 月 29 日弈于南京全国象棋锦标赛）
顺炮左肋车正马巡河炮对巡河车正马

1. 炮二平五　炮 8 平 5
2. 马二进三　马 8 进 7
3. 车一进一　车 9 平 8
4. 车一平六　车 8 进 4
5. 马八进七　马 2 进 3
6. 炮八进二　卒 3 进 1
7. 车六进五　马 7 退 5
8. 车六平七　炮 2 退 1（图 1）
9. 炮八平三　车 8 平 7

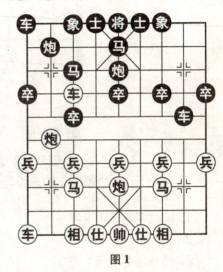

图 1

10. 车九进一　车 1 进 2
11. 车九平六　炮 2 平 3
12. 车七平八　卒 3 进 1
13. 车六进七　炮 5 平 8
14. 兵七进一　象 7 进 5
15. 炮三平五　象 5 退 7
16. 仕六进五　炮 8 退 1
17. 车六退六　象 3 进 5
18. 兵七进一　炮 3 进 3
19. 前炮平九　炮 3 平 1
20. 马七进六　马 5 进 7
21. 兵三进一　车 7 平 3
22. 相七进九　马 3 进 4
23. 马六进四　马 4 退 6
24. 马四退六　卒 7 进 1
25. 马六退八　车 3 平 6
26. 马八进九　车 6 平 1
27. 兵三进一　炮 8 平 7
28. 炮五进四　马 7 进 5
29. 车八平五　马 6 退 8
30. 车五平二　马 8 退 6
31. 车二进二！炮 7 进 6
32. 车二平四　炮 7 退 1
33. 炮九平五　士 4 进 5
34. 车六平四！前车平 5
35. 兵三平四　车 5 平 4
36. 后车平三　车 1 平 2
37. 仕五退六　将 5 平 4
38. 仕四进五　炮 7 平 8
39. 炮五进四！炮 8 进 3
40. 相三进五　士 6 进 5
41. 车三进七　将 4 进 1
42. 车三平五（图 2）

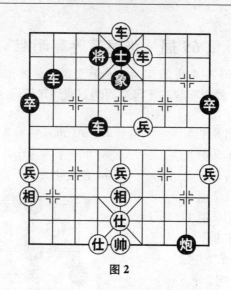

图2

第69局　周涛负苗利明

（2012年12月5日弈于平顶山万瑞杯象棋公开赛）

顺炮左肋车正马巡河炮对巡河车正马

1. 炮二平五	炮8平5	2. 马二进三	马8进7
3. 车一进一	车9平8	4. 车一平六	车8进4
5. 马八进七	马2进3	6. 炮八进二	卒3进1

7. 车六进五　士4进5

8. 炮八平三　马3进4

9. 车九平八　炮2平4

10. 车八进四　马4进3

11. 炮五进四　车8平7

12. 仕四进五　马7进5（图1）

13. 车六平五　车1进2

14. 车八进二　炮5平7

15. 相三进五　象7进5

16. 车八退三　马3退4

17. 兵五进一　炮7平8

18. 车五退一　炮8进2

19. 车五平三　卒7进1

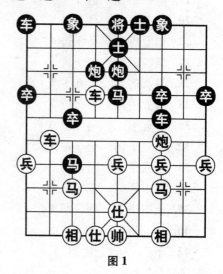

图1

20. 炮三平二	马4进6	21. 马三退一	炮4进6
22. 车八平四	炮4平9	23. 车四进一	车1平4
24. 车四退三	炮9进1	25. 车四平一	炮9平8
26. 马七进八	车4进1	27. 兵一进一	车4平6
28. 兵一进一	卒9进1	29. 车一进四	车6进3
30. 车一退五	车6平7	31. 炮二平一	前炮退4
32. 炮一进五	象5退7	33. 马八进九	卒7进1
34. 兵五进一	卒7平6	35. 兵五平四	卒3进1
36. 车一进五	后炮退2		
37. 车一平三?	车7平9!		
38. 车三进四	车9进3		
39. 仕五退四	后炮平5		
40. 兵四平五	炮8进4		
41. 车三退九	车9退9		
42. 车三平二	车9进3!		
43. 马九退七	车9平7		
44. 兵五进一	炮5平3		
45. 车二进四	车3进1		
46. 车二平四	卒3进1		
47. 兵九进一	卒3进1		
48. 仕四进五	卒3进1（图2）		

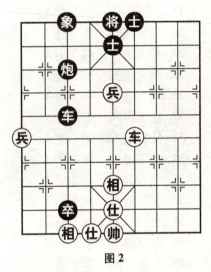

图2

第70局　谢靖负洪智

（2005年5月7日弈于上海全国象棋大师冠军赛）

顺炮左肋车正马巡河炮对巡河车正马

1. 炮二平五	炮8平5	2. 马二进三	马8进7
3. 车一进一	车9平8	4. 车一平六	车8进4
5. 马八进七	马2进3	6. 炮八进二	卒3进1
7. 车六进五	士4进5	8. 炮八平三	马3进4
9. 车九平八	炮2平3	10. 车六平五	马4进6
11. 车五平四	马6进5	12. 相七进五	卒7进1（图1）
13. 炮三平五	车8进3	14. 马三退五?	马7进8
15. 车四平二	车8进1	16. 马五退七	马8进7

17. 车二退五　马7进8
18. 仕六进五　象3进1
19. 车八进六　车1平4
20. 车八进一　炮3进4
21. 车八平九　马8退7
22. 炮五进一　马7进6!
23. 后马进六　马6退8
24. 炮五进一　马8退6
25. 相五退七　马6进7
26. 马六退四　炮3进3
27. 兵五进一　炮3退1
28. 马七进五　卒3进1
29. 兵五进一　卒3进1
30. 仕五退六　炮3进1
32. 仕五退六　炮3进1
34. 仕五退六　炮3平1
36. 马五进四　车4平3
37. 车八退六　炮1进1
38. 车八退一　炮1退1
39. 前马进五　象7进5
40. 兵五平四　卒7进1
41. 兵四进一　将5平4
42. 炮五平一　卒7平6
43. 兵四平五　象5退7
44. 炮一平四　卒6平5
45. 车八进六　炮1进1
46. 车八退六　炮1退1
47. 车八进六　炮1进1
48. 车八退六　炮1退1
49. 车八进六　卒5进1（图2）

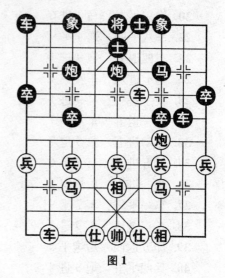

图1

31. 仕六进五　炮3退1
33. 仕六进五　炮3退1
35. 车九平八　卒3平4

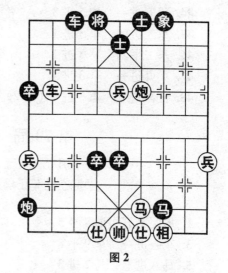

图2

第71局 赵鑫鑫胜李来群

(2007年12月30日弈于广州第28届五羊杯冠军邀请赛)

顺炮左肋车正马巡河炮对巡河车正马

1. 炮二平五	炮8平5	2. 马二进三	马8进7
3. 车一进一	车9平8	4. 车一平六	车8进4
5. 马八进七	马2进3		
6. 炮八进二	车8平2（图1）		

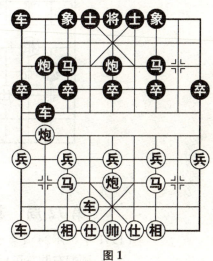

图1

7. 炮八平七	马3退5
8. 车六进七	卒7进1
9. 车九进一	马7进6
10. 车九平六	象3进1
11. 炮五进四	车2平5
12. 炮五平九	车5平1
13. 仕六进五	前车退1
14. 炮七平五	后车平3
15. 帅五平六	炮2退2
16. 后车进四	马6退7
17. 前车退二	象1进3

18. 兵七进一	车1退3	19. 兵七进一	炮2进3
20. 前车平七	车3进3	21. 兵七进一	炮2进4
22. 相三进五	马7进5	23. 炮五进一	炮5进2
24. 车六平五	车1进6	25. 车五平六	后马进7
26. 车六进四	将5进1	27. 车六平八	车1平4
28. 帅六平五	炮2退1	29. 车八退五	马5进3
30. 马七进六	象7进5	31. 仕五进六	炮2平1
32. 仕四进五	炮1进3	33. 相七进九	马3退5
34. 马六进五	马7进5	35. 帅五平四	车4退1
36. 车八进四	将5退1	37. 车八进一	将5进1
38. 相九进七	马5进6	39. 马三退一	马6退8?
40. 车八平四!	马8进7	41. 车四退一	将5退1
42. 兵七进一	卒7进1	43. 车四平九	炮1平2
44. 车九平八	炮2平1	45. 车八平九	炮1平2

46. 车九平二	车4平6	**47.** 帅四平五 车6进1
48. 兵七平六	车6平5	**49.** 车二平八 炮2退3
50. 兵六进一	将5平6	**51.** 兵六平五（图2）

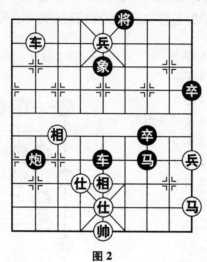

图2

第72局　赵文山胜柳诗山

（1991年5月24日弈于无锡全国象棋团体锦标赛）

顺炮左肋车正马巡河炮对巡河车正马

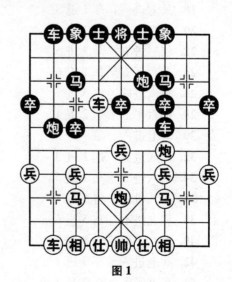

图1

1. 炮二平五	炮8平5
2. 马二进三	马8进7
3. 车一进一	车9平8
4. 车一平六	车8进4
5. 马八进七	马2进3
6. 炮八进二	卒3进1
7. 车六进五	炮5平6
8. 炮八平三	车8平7
9. 车九平八	车1平2
10. 兵五进一	炮2进2（图1）
11. 马三进五	士6进5
12. 兵七进一	象3进5
13. 兵七进一	炮6进1

14. 车六退五　象5进3　　15. 车六平四　炮6退1

16. 马七进六　炮6平4　　17. 车四平七　象7进5

18. 车八进四　炮2退1　　19. 马六进七　马3退1

20. 兵五进一　车2平3　　21. 兵五平四　车7平8

22. 炮五平七　车3平2　　23. 车七平四　马7退6

24. 马五进六　炮2进1　　25. 炮七平八　车2进3

26. 炮八进三　炮4平2　　27. 马六进四　士5进6

28. 马七进六　炮2平3　　29. 相七进五　将5进1

30. 车四平六　马6进4　　31. 车八平六　车2退2

32. 前车进三！马3退2　　33. 炮三平八！车2平3

34. 后炮平七！车3平2　　35. 炮七进五　车2平3

36. 炮七平九　马1进3　　37. 兵四平三　车8退3

38. 炮八进一　卒7进1　　39. 仕六进五　车3退1

40. 前车进一　将5退1

41. 前车平七　车3平1

42. 车七退一　车1平2

43. 炮八平六　士4进5

44. 车七退一　卒1进1

45. 马四退五　卒5进1

46. 马五进七　车2平4

47. 马七进九　卒9进1

48. 马九进八　车4平2

49. 炮六平五　将5平6

50. 炮五平四　将6平5

51. 车六平八　车2平1

52. 炮四退一　车8平3

53. 马八退七（图2）

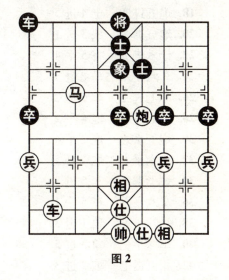

图2

第73局　张婷婷胜励娴

（2008年11月7日弈于松业杯全国象棋个人赛）

顺炮左肋车正马巡河炮对巡河车正马

1. 炮二平五　炮8平5　　2. 车一进一　马8进7

3. 马二进三　车9平8　　4. 车一平六　车8进4

5. 马八进七　马2进3

6. 炮八进二　炮2进2

7. 炮八平七　炮2平3

8. 车九平八　车8平7

9. 炮七进二　车7进2

10. 兵七进一　炮3平8（图1）

11. 车六平二　卒7进1

12. 炮七平一　马7进9

13. 车二进四　马9退7

14. 车二进一　车7进1

15. 车二平三　马7退9?

16. 兵七进一!　车1平2

17. 车八进九　马3退2

18. 炮五进四　士4进5

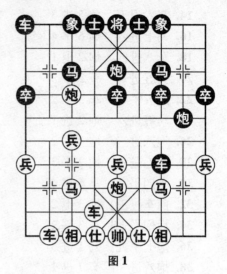

图1

19. 相七进五　车7平6

20. 炮五退一　象3进1

21. 兵七平六　车6退2

22. 仕六进五　将5平4

23. 车三平六　炮5平4

24. 车六平八　马2进3

25. 车八平七　马3退2

26. 车七进二　车6退2

27. 车七平八　马2进4

28. 马七进八　炮4平2

29. 炮五退一　马9进7

30. 炮五平六　炮2平4

31. 兵六平五　车6平4

32. 炮六平七　炮4平5

33. 前兵平六　车4平5

34. 炮七退二　车5进3

35. 炮七平六　将4平5

36. 车八平六　车5平1

37. 兵六平五　炮5平4

38. 马八进七　象1退3

39. 马七进八　炮4平2

40. 车六平七　象3进5

41. 车七退一　车1平2

42. 相五退七　炮2进3

43. 车七退三　炮2平1

44. 马八退七　炮1进4

45. 仕五退六　马7进8

46. 仕四进五　马8进9

47. 炮六进四　车2平7

48. 炮六平三　车7平4

49. 炮三平五　车4退3

50. 马七进八　车4平5

51. 兵五进一　卒1进1

52. 车七退一　马9进7

53. 车七平九　马7退6

54. 车九退三　马6退5

55. 车九进五　马5退3

56. 车九进四　马3退4

57. 相三进一　象5进3

58. 仕五进四　象7进5

59. 帅五进一（图2）

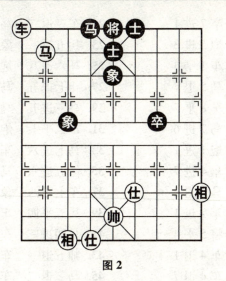

图 2

第 74 局 柳大华胜谢业枧

(2005 年 6 月 1 日弈于全国象棋甲级联赛)

顺炮左肋车正马巡河炮对巡河车正马

| 1. 炮二平五 | 炮 8 平 5 | 2. 马二进三 | 马 8 进 7 |

1. 炮二平五　　炮 8 平 5
2. 马二进三　　马 8 进 7
3. 车一进一　　车 9 平 8
4. 车一平六　　车 8 进 4
5. 马八进七　　马 2 进 3
6. 炮八进二　　卒 3 进 1
7. 车六进五　　士 4 进 5
8. 炮八平三　　马 3 进 4
9. 车九平八　　炮 2 平 3
10. 车六平五　　马 4 进 6
11. 车五平四　　马 6 进 5
12. 相七进五　　卒 7 进 1
13. 炮三平五　　卒 3 进 1
14. 相五进七　　车 8 进 3 （图 1）
15. 马七退五　　炮 3 进 4
16. 兵三进一　　卒 7 进 1
17. 车四平三　　车 8 退 5
18. 车八进三　　炮 3 进 2
19. 马五进六　　炮 3 进 1

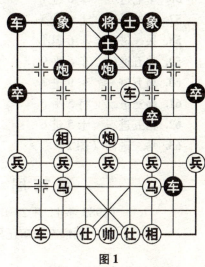

图 1

20. 仕六进五　卒7进1	21. 车三退三　马7进5
22. 车三进六　炮5进3	23. 兵五进一　象3进5
24. 车三退六　车1平3	25. 马六退八　炮3退1
26. 兵五进一　马5退7	27. 相七退五　马7进8
28. 车三平二　车8平7	29. 马三进五　马8进7
30. 马五进三　马7进6	31. 车二平七　炮3平1
32. 马八退七　炮1进1	33. 马七进六　车3平4
34. 兵九进一　车4进7	35. 仕五进六　马6退4
36. 帅五平六　马4退2	37. 车七平八　象5退3
38. 帅六平五　车7进1	39. 兵五平四　车7平4
40. 马三进四　将5平4	41. 马四进三　车4进6
42. 帅五进一　车4退1	43. 帅五退一　车4进1
44. 帅五进一　车4退7	45. 马三退二　车4进6
46. 帅五退一　车4进1	47. 帅五进一　车4退1
48. 帅五退一　车4进1	49. 帅五进一　车4退7
50. 马二退三　车4进3	51. 马三退五　车4平6?

52. 车八进六!　将4平5

53. 车八平七　士5退4

54. 车七退四　车6平5

55. 车七退二　车5平6

56. 车七进三　车6进1

57. 车七平五　士6进5

58. 兵一进一　车6退1

59. 帅五退一　车6平9

60. 马五进三　车9进3

61. 马三进二　将5平6

62. 相五进三　士5进6

63. 马二进四（图2）

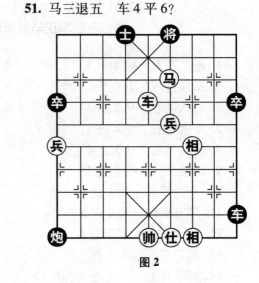

图2

第75局　吕钦负胡荣华

（1983年11月23日弈于昆明全国象棋个人赛）

顺炮左肋车正马巡河炮对巡河车正马

1. 炮二平五　炮8平5

2. 马二进三　马8进7

3. 车一进一　车9平8　　　　4. 车一平六　车8进4

5. 马八进七　马2进3　　　　6. 炮八进二　炮2进2

7. 炮八平三　炮2平7　　　　8. 车六进四　士6进5

9. 车九平八　卒5进1　　　　10. 车六进一　马3进5

11. 炮三进二　炮7平6　　　　12. 兵三进一　炮6进3

13. 车八进二　车1进2　　　　14. 仕六进五　炮6退4

15. 车六退一　炮6进1　　　　16. 车六进一　车8退1

17. 炮三进三　车8退3　　　　18. 炮三退一　车8平7

19. 炮三平四　炮6退1

20. 车六退一　车7进1（图1）

21. 兵三进一　车7平6

22. 车八进二　炮6平8

23. 兵三进一　炮8退3

24. 兵三进一　炮8平7

25. 马三退一　马5退7

26. 炮五平三　马7进8

27. 相三进五　马8进6

28. 车六退一　马6进7

29. 马一进三　车6进5

30. 车六平二　车6平7

31. 马三退一　车1平4

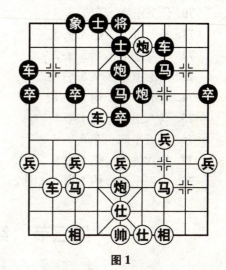

图1

32. 车八平三　车7退1　　　　33. 车二平三　炮5平7

34. 车三平七　车4进6　　　　35. 马七退六　车4退5

36. 马一进二　前炮平5　　　　37. 车七平三　炮7平6

38. 马二退四　炮5进4　　　　39. 马六进七　炮5平6

40. 兵七进一　后炮进7　　　　41. 仕五进四　象3进5

42. 仕四进五　车4平8　　　　43. 相五退三　炮6平8

44. 兵九进一　士5进6　　　　45. 相三进五　士4进5

46. 仕五退六　炮8平2　　　　47. 车三退一　炮2退6

48. 车三平五　车8进6　　　　49. 帅五进一　车8退5

50. 马七进八　炮2进4　　　　51. 相七进九　将5平6

52. 帅五退一　车8进5　　　　53. 帅五进一　车8退1

54. 帅五退一　车8平2　　　　55. 马八退七　车2退1

56. 马七进六　炮2进1　　　　57. 马六进七　卒5进1

58. 车五平六　车2平5　　　59. 仕六进五　炮2退5

60. 车六退一　车5退1　　　61. 马七进五　炮2平5

62. 马五进七　炮5平4　　　63. 车六进四　车5平9

64. 车六平九　车9平1　　　65. 车九平一　车1进1

66. 兵七进一　卒5进1

67. 车一平四　卒5进1

68. 兵七进一　将6进1

69. 兵九进一　车1退3

70. 仕五退六　车1平3

71. 马七进九　炮4平5

72. 马九退七　炮5平2

73. 马七退八　卒5平6!

74. 兵七平六　炮2平1!

75. 马八退九　炮1平5

76. 帅五平四　车3平4

77. 仕六进五　炮5进8

78. 帅四平五　炮5退6（图2）

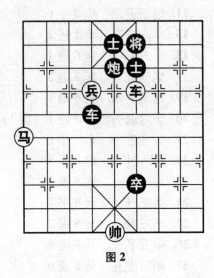

图2

第二节　红挺三兵变化

第76局　柳大华负程进超

（2002 年 4 月 8 日弈于济南嘉周杯全国象棋团体赛）

顺炮左肋车正马挺三兵对巡河车正马

1. 炮二平五　炮8平5　　　2. 马二进三　马8进7

3. 车一进一　车9平8　　　4. 车一平六　车8进4

5. 马八进七　马2进3　　　6. 兵三进一　卒3进1（图1）

7. 车九进一　士4进5　　　8. 车六进五　象3进1

9. 车九平六　车1平3　　　10. 前车平九　卒7进1

11. 车九退二　卒3进1　　　12. 车九平七　卒7进1

13. 车七平三　马3进4　　　14. 兵七进一　炮5平4

15. 车六平七　炮2平3　　　16. 马三进四　马4进6

92

17. 车三平四　车3平2
18. 炮八平九　车8平7
19. 炮五平三　炮3进5
20. 车七进一　炮4平3
21. 车七平六　炮3进7
22. 仕六进五　炮3平1
23. 炮九平八！炮1退2?（图2）

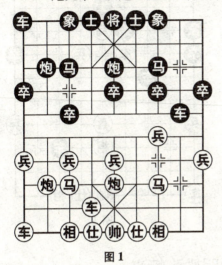

图1

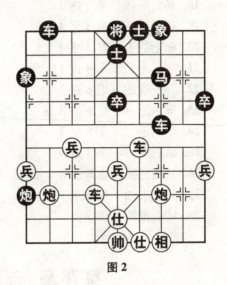

图2

第77局　薛光如负张华之

（1993年4月22日弈于南京全国象棋锦标赛）

顺炮左肋车正马挺三兵对巡河车正马

1. 炮二平五　炮8平5
2. 马二进三　马8进7
3. 车一进一　车9平8
4. 车一平六　车8进4
5. 马八进七　马2进3
6. 兵三进一　卒3进1
7. 车六进五　象3进1
8. 炮八进二　卒7进1
9. 车六平七　车1平3
10. 炮八进一　车8进2（图1）
11. 炮八平三　马7进6
12. 兵七进一　炮5平6

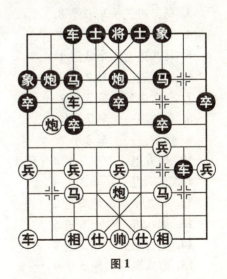

图1

13. 炮五进四　马3进5　　　　**14.** 车七平五　炮2平5

15. 仕六进五　士6进5　　　　**16.** 车五退一　象7进9

17. 马七进六　象9进7

18. 马六进四　卒3进1

19. 兵三进一　炮5平4

20. 相七进五　卒3平4

21. 车五平六?　车8进1!

22. 马三进四　炮6进3

23. 车六退一　炮6进3

24. 车六进二　车8平7

25. 兵三进一　车3进4

26. 马四进五　炮6退6

27. 兵三平四　炮6进7

28. 仕五退四（图2）

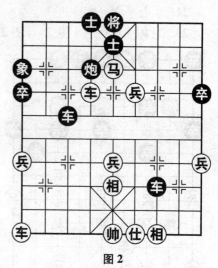

图2

第78局　王大明胜张愤兴

（1984年4月21日弈于全国象棋团体赛）

顺炮左肋车正马挺三兵对巡河车正马

1. 炮二平五　炮8平5　　　　**2.** 车一进一　马8进7

3. 马二进三　车9平8

4. 车一平六　车8进4

5. 马八进七　卒3进1

6. 兵三进一　马2进3

7. 车六进五　象3进1

8. 车九进一　卒7进1

9. 兵三进一　车8平7

10. 炮五退一　车7平4（图1）

11. 车六退一　马3进4

12. 车九平六　炮2进2

13. 炮八进二　士6进5

14. 炮五平三　马7退9

15. 炮八平一　炮5平9

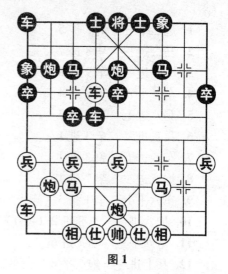

图1

16. 炮一平二　炮9平7

17. 车六平四　炮7进6

18. 炮二进五　象7进5

19. 车四平三　马9进7

20. 炮二平一　马4退6

21. 马三进四　马6进8?

22. 马四进二　马7进8

23. 车三进八　士5退6

24. 车三平二!　马8退9

25. 车二退二　士6进5

26. 车二平一　象1退3

27. 车一平二　将5平6

28. 马七退五　车1进2

29. 马五进三　象5进7

30. 车二进二　将6进1

31. 马三进四　车1平7

32. 马四进五　车7平5

33. 马五退四（图2）

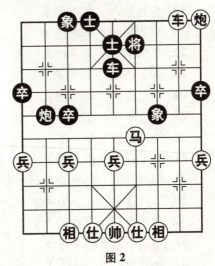

图2

第79局　刘殿中胜陶汉明

（2002年5月28日弈于第2届全国体育大会）

顺炮左肋车正马挺三兵对巡河车正马

1. 炮二平五　炮8平5

2. 马二进三　马8进7

3. 车一进一　车9平8

4. 车一平六　车8进4

5. 马八进七　马2进3

6. 兵三进一　卒3进1

7. 车九进一　士4进5

8. 车六进五　炮5平6

9. 车九平四　象3进5

10. 车六平七　卒7进1（图1）

11. 炮八进三　车8进2

12. 车四进六　士5进6

13. 车七进一　卒7进1

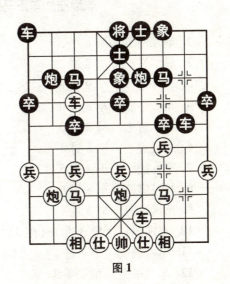

图1

14. 车七平八　士6退5

15. 炮八退二　卒7进1

16. 马三退五　车8退3

17. 车八退三　车8平7

18. 炮五平六　车1平4

19. 马五进六　车4平3

20. 车八平四　车7进1

21. 相七进五　车7平6

22. 车四平三　马7进8

23. 兵五进一　车6进2?

24. 马七退九　马8退6

25. 车三平二　车6平5

26. 仕六进五　卒7平6

27. 车二进二　卒3进1

28. 炮六平七　马6进5

29. 马六进七!　车3进4

30. 炮八平五　卒6平5

31. 车二平五　马5进3

32. 车五退三　车3平1

33. 炮七进二　车1进2

34. 马九进七（图2）

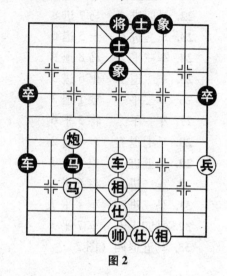

图 2

第 80 局　程吉俊胜张黎明

（2013 年 8 月 24 日弈于江苏群文杯象棋公开赛）

顺炮左肋车正马挺三兵对巡河车正马

1. 炮二平五　炮8平5

2. 马二进三　马8进7

3. 车一进一　车9平8

4. 车一平六　车8进4

5. 马八进七　马2进3

6. 兵三进一　卒3进1

7. 车九进一　士4进5

8. 马三进四　车8平6

9. 车六进三　卒5进1

10. 马四退三　象3进1（图1）

11. 车六进二　卒7进1

12. 车六平七　车1平3

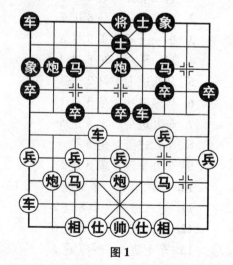

图 1

13. 兵三进一　车6平7

14. 马三进四　卒5进1

15. 兵五进一　车7进1

16. 车九平四　马7进8

17. 马四进三　车7平5

18. 仕四进五　马3进5

19. 车七平九　马5进6?

20. 马三进五!　象7进5

21. 车九进一　炮2平3

22. 车四进二　车5平2

23. 车九退一　炮3进1

24. 车四平五　马6退4

25. 车五进三　炮3进3

26. 马七进五　马4进6

27. 马五进四　马6进5

28. 车五退四　象5退7

29. 马四进六　车2平6

30. 车五进一　炮3进1

31. 车五平七　炮3平7

32. 炮八平五　士5进4

33. 车七平五　将5平4

34. 炮五平六（图2）

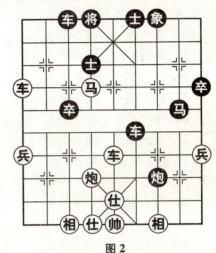

图 2

第81局　言穆江胜王秉国

（1984 年 4 月 20 日弈于合肥全国象棋团体赛）

顺炮左肋车正马挺三兵对巡河车正马

1. 炮二平五　炮8平5

2. 马二进三　马8进7

3. 车一进一　车9平8

4. 车一平六　车8进4

5. 马八进七　马2进3

6. 兵三进一　士4进5

7. 车九进一　炮5平6

8. 马三进四　车8平6（图1）

9. 马四进六　象3进5

10. 炮八进三　车6进3

11. 兵七进一　卒3进1

12. 兵七进一　马3进4

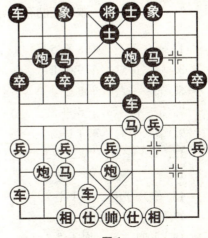

图 1

13. 车六进四　车6平7　　　14. 马七进六　车7退2

15. 相三进一　车7退1　　　16. 车六平三　卒7进1

17. 马六进五　炮6进1　　　18. 车九平四　马7进5

19. 炮五进四　炮6平8　　　20. 车四平二　炮8平6

21. 炮八平三　车1平3　　　22. 车二平八　炮2平4

23. 车八进四　炮6进1

24. 车八退一　将5平4

25. 炮五平六　炮4平3

26. 炮三平二　炮3进7

27. 帅五进一　炮6退3

28. 炮二平六　将4平5

29. 后炮平五　炮6进2

30. 炮六平一　炮6平5

31. 兵七进一　车3平4

32. 兵七平六！炮5进3

33. 炮一平九！车4平3

34. 兵六进一　炮3退6

35. 兵六进一　炮3平7

36. 车八平六！（图2）

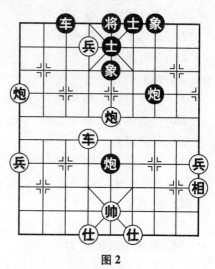

图2

第82局　王一鹏胜吴欣洋

（2013 年 6 月 22 日弈于无锡"大全杯"象棋精英赛）

顺炮左肋车正马挺三兵对巡河车正马

1. 炮二平五　炮8平5　　　2. 车一进一　马8进7

3. 马二进三　车9平8　　　4. 马八进七　马2进3

5. 车一平六　车8进4　　　6. 车九进一　卒3进1

7. 兵三进一　士6进5　　　8. 车六进五　炮2进2

9. 车六平七　车1进2　　　10. 兵七进一　卒3进1

11. 车七退二　炮2平3　　　12. 马七进八　卒1进1

13. 车九平四　卒1进1　　　14. 马八进七　车1平2（图1）

15. 炮八平七　卒1平2　　　16. 车七退一　卒2进1

17. 车七进一　炮3进3　　　18. 车七退二　炮5平4

19. 车四进五　炮4进1　　　20. 车四退二　炮4退2

21. 车四平六　炮4平2	22. 车六进四　车8平6
23. 马七退六　车6退2	24. 车七进四　卒2进1
25. 仕六进五　象7进9	26. 马三进二　卒7进1
27. 兵三进一　象9进7	28. 马六进五　马3进5
29. 炮五进四　将5平6	30. 炮五退二　车2进4?
31. 炮五平七!　炮2进1	32. 炮七进五　将6进1
33. 相三进五　车2平5	34. 马二进一　炮2平5
35. 帅五平六　炮5进3	36. 马一退三（图2）

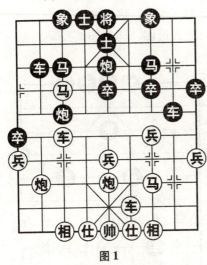

图1

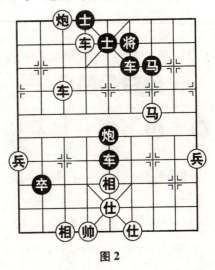

图2

第83局　蒋全胜负郑乃东

（1996年10月24日弈于吴县全国象棋个人赛）

顺炮左肋车正马挺三兵对巡河车正马

1. 炮二平五　炮8平5	2. 马二进三　马8进7
3. 车一进一　车9平8	4. 车一平六　车8进4
5. 马八进七　马2进3	6. 兵三进一　卒3进1
7. 车六进五　炮2进2	8. 车九进一　卒7进1
9. 车六平七　车1进2	10. 兵三进一　车8平7
11. 炮五退一　马7进8	12. 炮五平三　马8进7（图1）
13. 兵七进一　卒3进1	14. 车七退二　炮2退3
15. 炮八进四　炮2平3	16. 炮八平七　炮3进2

17. 车七进二	炮5退1	18. 马七进六	车7平4
19. 相三进五	车4进1	20. 炮三进二	车1平2
21. 车九平七	车4退3	22. 后车进三	炮5平3
23. 前车平五	士4进5	24. 车七平三	象3进5
25. 车五平九	车4进6	26. 相七进九	车2进5
27. 车九进三	士5退4	28. 相九进七?	炮3平2!
29. 仕四进五	车2平5	30. 帅五平四	车5平3
31. 炮三平二	炮2进8	32. 帅四进一	炮2退1
33. 帅四退一	车4退1	34. 炮二退一	炮2进1
35. 帅四进一	车4平6	36. 仕五进四	马3进4
37. 车三平六	车6平7（图2）		

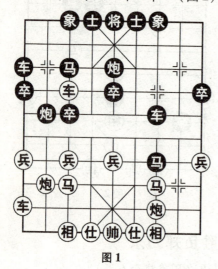

图1

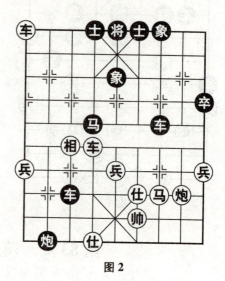

图2

第84局　万春林和洪智

（2002年4月6日弈于济南嘉周杯全国象棋团体赛）

顺炮左肋车正马挺三兵对巡河车正马

1. 炮二平五	炮8平5	2. 车一进一	马8进7
3. 马二进三	车9平8	4. 车一平六	车8进4
5. 马八进七	卒3进1	6. 兵三进一	马2进3
7. 车九进一	士4进5	8. 马三进四	车8平6
9. 车六进三	卒5进1	10. 马四退三	马7进5

11. 车六进二　炮 2 进 2

12. 车九平六　卒 7 进 1（图 1）

13. 兵三进一　车 6 平 7

14. 马三进四　车 7 平 6

15. 马四退三　炮 5 平 7

16. 相三进一　象 3 进 5

17. 兵五进一　炮 7 进 1

18. 前车退二　卒 5 进 1

19. 前车平五　马 5 进 7

20. 马三进二　车 6 平 4

21. 车六进四　马 3 进 4

22. 车五平八　炮 7 平 5

23. 马七进五　马 4 进 5

24. 炮五进四　马 7 退 5

26. 仕四进五　后马进 7

28. 马二进一　马 7 进 8

29. 车八平三　象 5 进 7！

30. 车三平四　马 5 退 4！

31. 车四退三　马 8 进 7

32. 车四退二　马 7 退 8

33. 马一进三　象 7 进 5

34. 马三退四　车 4 进 1

35. 炮八进一！车 4 平 3

36. 炮八平二　车 3 平 8

37. 马四进六　卒 3 进 1

38. 车四进四　车 8 平 4

39. 马六进七　将 5 平 4

40. 车四退三（图 2）

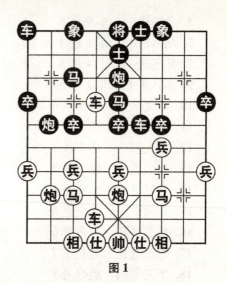

图 1

25. 车八进一　车 1 平 4

27. 车八进一　车 4 进 5

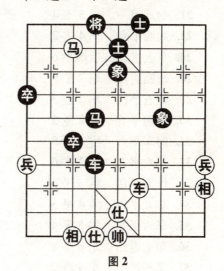

图 2

第 85 局　许文学胜于幼华

（2006 年 9 月 13 日弈于全国象棋甲级联赛）

顺炮左肋车正马挺三兵对巡河车正马

1. 炮二平五　炮 8 平 5　　　2. 车一进一　马 8 进 7

3. 马二进三　车9平8

5. 马八进七　车8进4

7. 兵三进一　士4进5

9. 车六平七　车1平3

10. 车九平六　炮5平6（图1）

11. 车七平九　炮2进2

12. 车九平八　卒7进1

13. 兵三进一　炮2平7

14. 马三进四　车8退1

15. 车六平三　象7进5

16. 炮五平四　马7进6

17. 炮四进三　炮6平7

18. 车三平四　后炮进7

19. 帅五进一　车3平4

20. 车八平七　车4进5

21. 炮八退一　将5平4

22. 炮四平六　车4进2

24. 车七进一　后炮平6

26. 车四进四　炮7平9

28. 帅五平四　车2进3

30. 车四平五　车2退5

31. 前车平六　将4平5

32. 车六平九　车2平6

33. 仕五进四　将5平4

34. 车九平六　将4平5

35. 车六平七　将5平4

36. 车七退二！车6平8

37. 车五进二！车4进2

38. 仕六进五　炮9平3

39. 车五平六　将4平5

40. 车七进四　士5退4

41. 车七平六　将5进1

42. 前车退一　将5退1（图2）

4. 车一平六　马2进3

6. 车九进一　卒3进1

8. 车六进五　象3进1

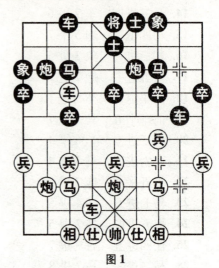

图1

23. 相七进五　车8进2

25. 马四退六　车4退1

27. 车七平五　车8平2

29. 仕四进五　卒5进1

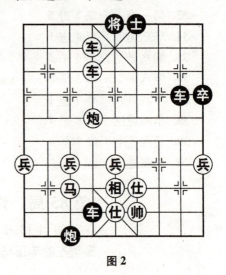

图2

第 86 局 葛维蒲胜胡庆阳

（1996 年 10 月 22 日弈于吴县全国象棋个人赛）

顺炮左肋车正马挺三兵对巡河车正马

1. 炮二平五	炮 8 平 5	2. 车一进一	马 8 进 7
3. 马二进三	车 9 平 8	4. 车一平六	车 8 进 4
5. 马八进七	士 4 进 5	6. 兵三进一	马 2 进 3
7. 车九进一	卒 3 进 1	8. 车六进五	象 3 进 1

9. 车六平七　车 1 平 3

10. 车九平四　马 3 退 4 （图 1）

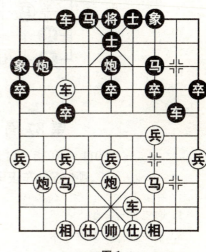

图 1

11. 车七进三　象 1 退 3

12. 车四平六　炮 2 平 3

13. 相七进九　卒 3 进 1

14. 相九进七　车 8 平 2

15. 马三进四　车 2 进 2

16. 车六进二　炮 3 平 4

17. 仕六进五　马 4 进 3

18. 炮五平三　炮 4 退 2

19. 车六进五　炮 5 平 6

20. 炮八退二　炮 6 退 1

21. 车六退四　象 3 进 5

22. 相七进五	马 7 退 9	23. 马四进三	炮 6 进 5
24. 兵七进一	炮 6 平 7	25. 马三进四	车 2 退 2
26. 车六进四	车 2 进 3	27. 炮三平四	炮 7 平 1
28. 炮八平九	马 9 进 8	29. 兵三进一	象 5 进 7
30. 兵七进一	马 8 退 6	31. 车六退五	炮 1 进 2
32. 马四退二	炮 1 平 3	33. 马二进一	马 6 进 8
34. 车六进三	炮 4 平 3	35. 炮九平七	后炮进 4
36. 车六平七	车 2 退 5	37. 炮四退一！	前炮平 6
38. 车七退一	马 3 退 4	39. 车七平三	马 4 进 5
40. 车三平二	马 8 退 7	41. 车二进三	车 2 进 5
42. 马七进六	车 2 退 2	43. 炮七进四	车 2 进 4
44. 仕五退六	马 7 进 6	45. 车二退七！	炮 6 平 2

46. 马六退七（图2）

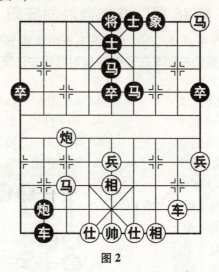

图2

第87局　杨剑胜陈颖

（2011年10月2日弈于重庆国庆象棋公开赛）

顺炮左肋车正马挺三兵对巡河车正马

1. 炮二平五	炮8平5	2. 马二进三	马8进7
3. 车一进一	车9平8	4. 车一平六	车8进4

5. 马八进七　马2进3
6. 兵三进一　卒3进1
7. 车六进五　象3进1
8. 车九进一　车8平4（图1）
9. 车九平六　车4进4
10. 车六退五　士4进5
11. 炮八进四　车1平4
12. 炮八平三　象7进9
13. 车六进八　将5平4
14. 仕四进五　马3进4
15. 炮三平二　马7进6
16. 兵三进一　马6进5
17. 马七进五　炮5进4

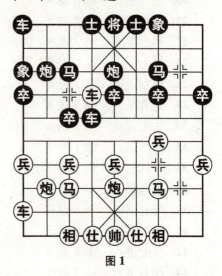

图1

18. 炮二退一　炮5退2　　　　19. 炮二进四　象9退7

20. 马三进四　马4进3　　　　21. 马四进五　炮2进3

22. 帅五平四　炮2平3　　　　23. 炮五平三　炮3进4

24. 帅四进一　炮3平7　　　　25. 兵三平四　炮5进2

26. 炮二退三　炮5平1　　　　27. 炮二平三　炮7退1

28. 仕五进六　炮1进2　　　　29. 帅四退一　马3进5

30. 仕六进五　炮1平2　　　　31. 前炮平九　马5退7

32. 兵四平五　卒9进1　　　　33. 兵五平六　卒3进1

34. 炮九退一　卒9进1

35. 兵一进一　马7退9

36. 兵六进一　马9进7

37. 炮九平六　将4平5

38. 炮六平五　将5平4

39. 炮五平六　将4平5

40. 炮六平五　象1退3

41. 兵六进一　象3进5

42. 兵六进一　炮3平4

43. 兵六平七　将5平4

44. 炮五平九　炮4平3

45. 兵七平八　炮7平9

46. 炮九进四　炮9退7?

47. 炮三进七！（图2）

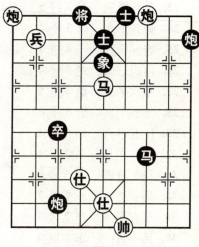

图2

第88局　陶汉明负申鹏

（2007 年 8 月 15 日弈于七斗星杯全国象棋甲级联赛）

顺炮左肋车正马挺三兵对巡河车正马

1. 炮二平五　炮8平5　　　　2. 马二进三　马8进7

3. 车一进一　车9平8　　　　4. 车一平六　车8进4

5. 马八进七　马2进3　　　　6. 兵三进一　卒3进1

7. 车六进五　象3进1　　　　8. 炮八进二　车1平3（图1）

9. 炮八平五　马3进4　　　　10. 车九平八　炮2平3

11. 前炮进三　象7进5　　　　12. 兵五进一　马4进3

13. 车六退三　士4进5　　　　14. 车八进七　车8平4

15. 车六进二　马3退4

16. 马七进五　炮3进7

17. 仕六进五　车3进2!

18. 车八退七　炮3退4

19. 兵五进一　马4进5

20. 马三进五　卒5进1

21. 马五进四　象5退3

22. 车八进六　炮3平5

23. 车八平三　马7进5

24. 帅五平六　车3平4

25. 炮五平六　车4进4

26. 马四进二!　炮5平4

27. 帅六平五　炮4平5

28. 帅五平六　炮5平4

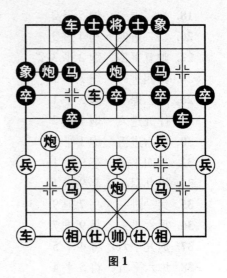

图1

29. 帅六平五　炮4进2

30. 仕五进六　马5退4

31. 仕六退五　马4进2

32. 车三平八　马2进4

33. 兵三进一　马4退6

34. 马二进四　士5进6

35. 车八平一　车4平1

36. 兵一进一　车1平7

37. 车一平五　士6退5

38. 车五退一　车7进3

39. 兵一进一　车7退4

40. 兵一平二　卒1进1

41. 兵二进一　卒1进1

42. 兵三进一　车7平2

43. 兵三平四　卒3进1

44. 兵二平三　车2进4

45. 仕五退六　车2退7

46. 仕四进五　卒1平2

47. 车五平三　车2进1

48. 车三平四　车2退1

49. 兵四平五　车2进1

50. 车四进一　车2退1

51. 车四退一　车2进1（图2）

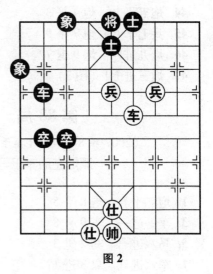

图2

第 89 局　孙耀先负胡荣华

（1974 年 7 月 12 日弈于成都全国象棋个人赛）

顺炮左肋车正马挺三兵对巡河车正马

1. 炮二平五	炮 8 平 5	2. 马二进三　马 8 进 7
3. 车一进一	车 9 平 8	4. 马八进七　车 8 进 4
5. 车一平六	马 2 进 3	6. 兵三进一　卒 3 进 1
7. 车九进一	炮 2 平 1	
8. 车六进五	车 1 平 2 （图 1）	
9. 车六平七	车 2 进 2	
10. 车九平六	卒 7 进 1	
11. 兵三进一	车 8 平 7	
12. 马三进四	炮 5 退 1	
13. 兵七进一	车 7 平 6	
14. 马四退六	炮 5 平 3	
15. 马七进八	炮 3 进 2	
16. 炮八进五	炮 3 进 2	
17. 马八进九	象 7 进 5	
18. 车六平三	马 7 退 5	
19. 马六进八	车 6 进 2	

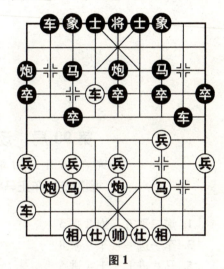

图 1

20. 相七进九	炮 3 进 1	21. 车三平六	马 5 进 7
22. 马九进七	炮 3 退 4	23. 炮八进二	士 6 进 5
24. 马八进七	炮 1 进 5	25. 马七进五	炮 1 平 3
26. 马五进七	将 5 平 6	27. 仕六进五	后炮平 6
28. 马七退八	炮 6 退 1	29. 车六平七	炮 6 平 7
30. 炮五平三	车 6 平 7	31. 车七进一	车 7 进 1
32. 车七平三	炮 7 进 6	33. 马八退六	卒 3 进 1
34. 炮八退七	炮 7 平 3	35. 兵九进一	卒 3 平 4
36. 兵九进一	马 7 进 6	37. 马六退四	卒 5 进 1
38. 相三进五	炮 3 退 1	39. 炮八进一	卒 5 进 1
40. 兵五进一	卒 4 平 5	41. 马四进二	马 6 进 4
42. 相五进七	炮 3 平 5	43. 帅五平六	马 4 进 3
44. 帅六进一	炮 5 平 4	45. 炮八平七	象 3 进 5

46. 马二进三　将6平5
47. 马三退一　卒5进1
48. 炮七平八　炮4退2
49. 炮八退一　象5退3
50. 马一进二　炮4退3!
51. 马二退三　马3退4
52. 炮八平六　马4进6!
53. 炮六平四　卒5进1!（图2）

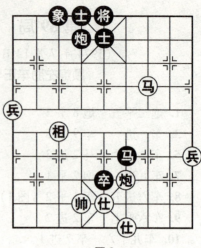

图2

第 90 局　汤卓光负赵国荣

（1996 年 10 月 22 日弈于吴县全国象棋个人赛）
顺炮左肋车正马挺三兵对巡河车正马

1. 炮二平五　炮8平5　　　2. 马二进三　马8进7
3. 车一进一　车9平8　　　4. 车一平六　车8进4
5. 马八进七　士4进5　　　6. 兵三进一　马2进3
7. 车九进一　卒3进1
8. 车六进五　象3进1
9. 车六平七　车1平3
10. 车九平四　马3退4
11. 车七进三　象1退3
12. 炮八进四　卒1进1
13. 车四进三　卒7进1
14. 炮八退一　卒7进1（图1）
15. 炮八平二　卒7平6
16. 马三进四　马7进8
17. 马四进二　马4进3
18. 马二退四　炮2进4
19. 炮五退一　炮2平5

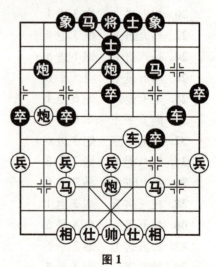

图1

· 108 ·

20. 马七进五　炮5进4　　21. 相三进五　炮5平1
22. 马四进五　马3进4　　23. 马五退七　炮1平9
24. 马七进六　将5平4　　25. 马六进八　将4平5
26. 相五退三　炮9平5　　27. 相七进五　炮5平8
28. 兵七进一　象3进5　　29. 相五进三　炮8平5
30. 相三退五　炮5平3　　31. 相五退七　马4进5
32. 相三进五　马5进3　　33. 炮五平二　炮3平8
34. 马八退七　卒1进1　　35. 马七进九　马3退4
36. 马九进七　将5平4　　37. 仕四进五　卒1平2
38. 仕五进四　卒9进1　　39. 炮二平九　炮8平2
40. 马七退六　士5进4　　41. 炮九平六　马4进5
42. 炮六进一　马5退4　　43. 兵七进一　将4平5
44. 马六进四　将5平4　　45. 兵七平六　士6进5
46. 马四退二　马4进6　　47. 炮六退一　卒2平3
48. 兵六进一　卒3平4　　49. 马二进三　卒9进1
50. 马三退四　炮2平5　　51. 马四退三　炮5平1
52. 马三进四　卒9平8　　53. 兵六平五　马6退7
54. 兵五平六　炮1平5　　55. 帅五平四　卒8进1
56. 炮六平九　炮5平1　　57. 炮九平八　炮1平2
58. 炮八平九　炮2退3　　59. 马四退三　卒8平7
60. 仕四退五　卒4平5　　61. 炮九进四　卒5平6
62. 马三进一　马7进5　　63. 炮九平五　马5进3
64. 马一进二　卒6进1
65. 炮五平一　炮2进1
66. 炮一进四　象7进9
67. 马二进三　将4进1
68. 马三退二　象5退7
69. 炮一退一　士5进6
70. 马二退四　将4平5
71. 马四进六　炮2平6
72. 帅四平五　炮6平3！
73. 马六进七　将5平6
74. 相七进九　马3进1
75. 仕五进六　马1进3！
76. 帅五进一　（图2）

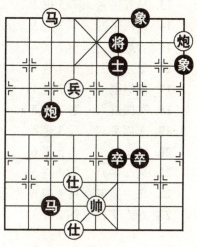

图2

第三节 红双横车变化

第91局 励娴胜张国凤

(2008年11月3日弈于顺德全国象棋个人赛)
顺炮正马双横车对巡河车正马

1. 炮二平五	炮8平5
2. 马二进三	马8进7
3. 车一进一	车9平8
4. 车一平六	车8进4
5. 马八进七	马2进3
6. 车九进一	士6进5（图1）
7. 车六进五	炮5平6
8. 车九平四	象3进5
9. 兵五进一	炮2进4
10. 炮八退一	车8平7
11. 兵五进一	炮2平7
12. 马三进五	卒5进1
13. 马五进六	卒5进1
14. 炮八平五	卒3进1
15. 后炮进三！	车7平4
16. 车六平三！	车4进1
17. 前炮退一	炮7退1
18. 车四进六	炮7平5
19. 车四平三	马3进4
20. 前车进二	士5退6
21. 后车平六	士4进5
22. 车三退五	马4退6
23. 车六平四（图2）	

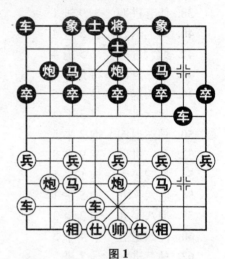

图1

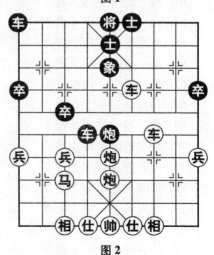

图2

第92局 杜光伟负李鸿嘉

（2005年7月23日弈于第24届省港澳埠际赛）

顺炮正马双横车对巡河车正马

1. 炮二平五	炮8平5	2. 马二进三	马8进7
3. 车一进一	车9平8	4. 车一平六	车8进4
5. 马八进七	马2进3		
6. 车九进一	炮2平1（图1）		

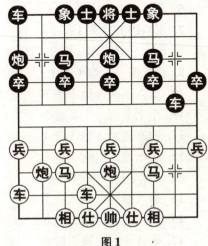

图1

7. 炮八进二	卒3进1
8. 车六进五	车1平2
9. 炮八平三	马3进2
10. 车九平六	士6进5
11. 前车退一	车8平7
12. 前车平三	卒7进1
13. 炮三进三	炮1平7
14. 车六进四	象7进9
15. 车六平七	卒7进1
16. 马三退五	卒7进1
17. 相三进一	炮7进2

18. 兵七进一	马2进3
20. 车七平五	炮7平9
22. 相一退三	象9进7！

19. 炮五进四	车2进3
21. 兵一进一	炮9平8
23. 车五平三	车2平5
24. 车三平二	车5平6
25. 车二进四	士5退6
26. 车二退七	卒7平6
27. 相三进五	卒6进1
28. 马五退三	卒6平5
29. 仕六进五	车6平4
30. 马三进一	车4进5
31. 马一进二	车4平3
32. 马二进三	士4进5
33. 马三退五	车3进1
34. 马七退六	马3进1！（图2）

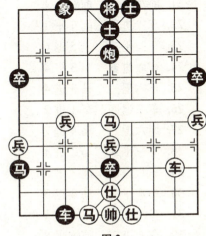

图2

第93局 赵冠芳负冯晓曦

（2006年11月24日弈于深圳全国象棋个人赛）

顺炮正马双横车对巡河车正马

1. 炮二平五 炮8平5	2. 车一进一 马8进7	
3. 车一平六 车9平8	4. 马二进三 马2进3	
5. 马八进七 车8进4	6. 车九进一 炮2平1	
7. 车六进五 车1平2		
8. 车六平七 车2进2（图1）		

9. 兵七进一 炮1退1

10. 车九平六 炮1平3

11. 车七平六 士6进5

12. 前车进二 炮3进4

13. 相七进九 炮3进1

14. 后车进二 车8平3

15. 炮八退二 卒7进1

16. 仕六进五 车2进6

17. 炮八平六 马7进6

18. 炮六进二 马6进7

19. 前车退四? 马7进5！

20. 相三进五 车2平3！

21. 前车平二 前车退1

22. 车二进五 前车平1

23. 车二平三 士5退6

24. 车六进五 车3平4

25. 车六退三 马3进4

26. 车三退四 车1进2

27. 炮六退二 马4进2

28. 车三平八 马2进4

29. 车八退四 炮3平5

30. 车八平六 马4退3

31. 车六平七 象3进1

32. 车七进三 前炮平8

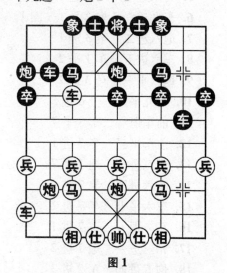

图1

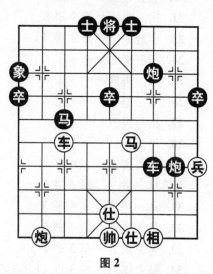

图2

33. 相五退三　车1退3　　　34. 马三进四　车1平7

35. 炮六平八　炮5平7（图2）

第94局　周德刚胜吴震熙

（2001年10月22日弈于西安全国象棋个人赛）

顺炮正马双横车对巡河车正马

1. 炮二平五　炮8平5　　　2. 马二进三　马8进7

3. 车一进一　车9平8　　　4. 车一平六　车8进4

5. 马八进七　马2进3

6. 车九进一　象3进1（图1）

7. 炮八进二　卒3进1

8. 车六进五　车8平4

9. 车九平六　车4进4

10. 车六退五　士4进5

11. 兵三进一　车1平4

12. 车六进八　士5退4

13. 马三进四　炮2进2

14. 炮五平三　卒5进1

15. 马四进三　马7进5

16. 相七进五　马3进4

17. 马三退四　马5退3

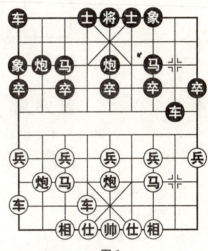

图1

18. 炮三进七　将5进1　　　19. 马四进三　马4进3

20. 炮八退三　后马进4　　　21. 炮八平二　马4进5

22. 马三进五　马5进3　　　23. 马五进三　将5平4

24. 炮二进七　将4进1?　　　25. 马三退四!　将4平5

26. 炮二退一!　将5平6　　　27. 炮三退二　将6退1

28. 炮二退五!　前马退5　　　29. 炮二平四　马5退6

30. 仕六进五　马3退5　　　31. 炮四进二　士6进5

32. 兵三进一　炮2进1　　　33. 炮四平八　马5退7

34. 炮八进四　将6退1　　　35. 炮三平七　士5进6

36. 马四进六　士4进5　　　37. 马六退五　马7进8

38. 马五进七　马6进4　　　39. 马七进九　马4退2

40. 炮八退二　将6平5　　　41. 帅五平六（图2）

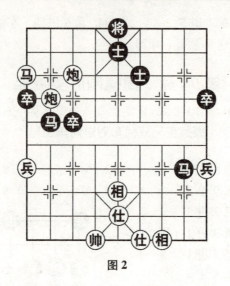

图2

第95局 赵鑫鑫胜武震

（2002年4月8日弈于济南全国象棋团体赛）

顺炮正马双横车对巡河车正马

1. 炮二平五	炮8平5	**2.** 马二进三	马8进7
3. 车一进一	车9平8	**4.** 车一平六	车8进4
5. 马八进七	马2进3	**6.** 车九进一	卒3进1（图1）

7. 车六进五　象3进1

8. 兵三进一　士4进5

9. 车六平七　车1平3

10. 炮八进四　车8平6

11. 兵五进一　车6进2

12. 马三进五　炮5平6

13. 兵五进一　炮6进1

14. 车七退一　炮6平2

15. 车七进一　前炮进1？

16. 车七平八　前炮平3？

17. 车八进一　炮3进3

18. 马五退七　车6平3

19. 车九进一　卒5进1

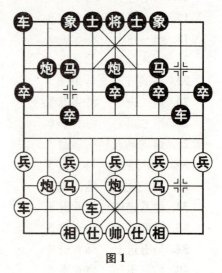

图1

20. 炮五退一	后车平2	21. 车八平九	车2进8
22. 前车进二	马3退4	23. 前车退三	马4进5
24. 前车进三	士5退4	25. 前车退四!	卒5进1
26. 前车平五	车2平3	27. 车五退一	士6进5
28. 车五退二	前车平4	29. 炮五进六	象7进5
30. 车五进五	马7退6	31. 车五退四	车3退2
32. 车五进三	车4退1		
33. 马七进八	车4退2		
34. 马八进九	车3进5		
35. 仕四进五	车3退3		
36. 车五平三	车3平9		
37. 兵九进一	车9进3		
38. 马九退七	车9平7		
39. 仕五退四	车7退3		
40. 车九平五	车7平3		
41. 车五进三	车3平6		
42. 车三平一	车6退4		
43. 兵三进一	马6进5		
44. 兵九进一（图2）			

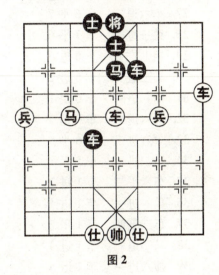

图 2

第96局　路耿负黄勇

（1992 年 5 月 18 日弈于抚州全国象棋团体赛）

顺炮正马双横车对巡河车正马

1. 炮二平五	炮8平5	2. 马二进三	马8进7
3. 车一进一	车9平8	4. 马八进七	马2进3
5. 车一平六	车8进4	6. 车九进一	炮2平1
7. 炮八进二	卒3进1	8. 车六进五	车1平2
9. 炮八平三	车8平7	10. 车六平七	车2进2（图1）
11. 马三退一	马7退9	12. 车九平六	士6进5
13. 兵七进一	炮5平6	14. 马七进六	象3进5
15. 马六进五	马3进5	16. 炮五进四	车2进4
17. 马一进三	马9进7	18. 车七平六?	炮1平4
19. 后车平四	卒3进1	20. 车四进三	炮6退2

115

21. 炮五退二　卒3平4！
22. 炮五进二　马7进5
23. 车六平五　车2平4
24. 车五平六　车4进3
25. 帅五平六　卒4平5
26. 车六进一　卒5平6
27. 车六退三　卒6平7
28. 兵三进一　车7平6
29. 相七进五　车6进3
30. 马三进二　车6进2
31. 帅六进一　车6退1
32. 帅六退一　车6退2
33. 车六进二　车6平5
34. 马二进一　车5平1
35. 车六平三　卒1进1
36. 兵一进一　卒1进1
37. 车三平四　卒1平2
38. 马一退三　车1进3
39. 帅六进一　车1退5
40. 兵一进一　卒2进1
41. 马三进二　卒2进1
42. 车四平七　车1进4
43. 帅六退一　卒2进1
44. 相五退七　卒2平3（图2）

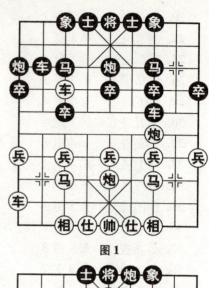

图1

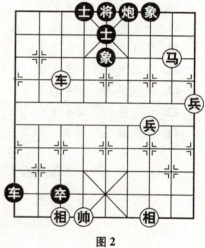

图2

第97局　周伟胜柏春林

(2008年4月17日弈于全国象棋团体赛)
顺炮正马双横车对巡河车正马

1. 炮二平五　炮8平5
2. 车一进一　马8进7
3. 车一平六　车9平8
4. 马二进三　车8进4
5. 马八进七　士6进5
6. 车九进一　马2进3
7. 车六进五　炮2进2
8. 车六平七　车1进2（图1）
9. 兵七进一　炮2退3
10. 车七退一　卒7进1

11. 马七进六　炮2平3

12. 马六进七　车1平2

13. 炮八平七　炮5平6

14. 车九平四　象3进5

15. 车七平六　车2进4

16. 车六进三　炮3进2

17. 炮七进四　卒7进1

18. 兵三进一　马7进6

19. 车四平三　车2退1

20. 相七进九　车2退1

21. 炮五进四　马6进5

22. 马三进五　车8平5

23. 炮五平二　车5进4

24. 车三平五　车5平8

26. 相三进一　炮7退1?

28. 炮九进三　车2退3

30. 车五平八　炮7平5

32. 炮七平五　象3进5

34. 车八进六　车8平9

35. 相一退三　车9退2

36. 车九进三　车2平1

37. 车九进一　马3进5

38. 相九退七　马5进6

39. 车八退四　车9平4

40. 兵九进一　马6进4

41. 车八平七　车4退2

42. 车九退四　车4进3

43. 相七进五　马4退6

44. 车九平四　马6退4

45. 兵九进一　马4退2

46. 车四进一（图2）

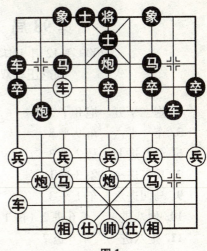

图 1

25. 炮二平九　炮6平7

27. 车六退三!　车2退1

29. 车六平九　士5退6

31. 仕六进五　象5退3

33. 炮五进二　士6进5

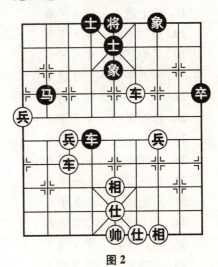

图 2

117

第98局　常婉华胜董波

(2009年12月1日弈于昆明全国象棋个人赛)

顺炮正马双横车对巡河车正马

1. 炮二平五　炮8平5	2. 车一进一　马8进7
3. 车一平六　车9平8	4. 马二进三　车8进4
5. 马八进七　马2进3	6. 车九进一　士4进5
7. 兵三进一　象3进1	8. 马三进四　车8平6
9. 马四进六　车1平3	
10. 炮八进三　车6进2（图1）	
11. 炮八进一　车6退2	
12. 仕六进五　卒3进1	
13. 炮八平七　马3退4	
14. 炮七平三　象7进9	
15. 车六进三　炮5平4	
16. 马六退四　马4进3	
17. 炮五平四　车6平8	
18. 相七进五　炮4平6	
19. 炮四平三　车8平6	
20. 后炮平四　车6平8	
21. 车九平八　卒3进1	

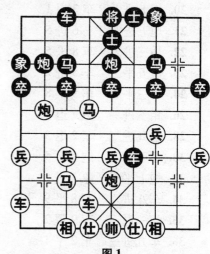

图1

22. 车六平七　马3进2	23. 车八平六　炮6进5
24. 仕五进四　车3平4	25. 车六进八　士5退4
26. 炮三平九　炮2平5	27. 炮九平八　士4进5
28. 仕四进五　车8平6	29. 兵九进一　象9退7
30. 兵三进一　车6平7	31. 兵九进一　马2退4?
32. 车七进二!　车7平6	33. 马三退三　车6平4
34. 马三进四　车4平6	35. 马四退二　车6平4
36. 炮八平六　卒9进1	37. 马二进四　车4平1
38. 马四进三　炮5平4	39. 车七退二　车1进3
40. 马七退六　车1退1	41. 炮六平八　车1平2
42. 炮八平六　车2退3	43. 炮六退四　车2进1
44. 车七平三　象1退3	45. 兵七进一　象3进5

46. 马六进七　炮4平1　　　47. 相五退七　炮1平3

48. 马七进六　炮3进7　　　49. 马三进五　象7进5

50. 车三进三　炮3平1　　　51. 帅五平六（图2）

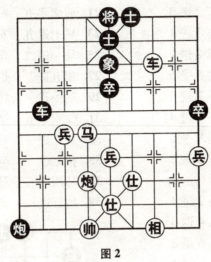

图2

第99局　万春林负王斌

（2004年6月16日弈于将军杯全国象棋甲级联赛）

顺炮正马双横车对巡河车正马

1. 炮二平五　炮8平5

2. 马二进三　马8进7

3. 车一进一　车9平8

4. 车一平六　车8进4

5. 马八进七　马2进3

6. 车九进一　卒3进1

7. 车六进五　炮2进2

8. 车九平六　车1进2

9. 前车平七　炮5平6

10. 车六进六　象7进5（图1）

11. 炮五进四　士6进5

12. 车六退五　炮6进4

13. 炮五退二　炮6平3

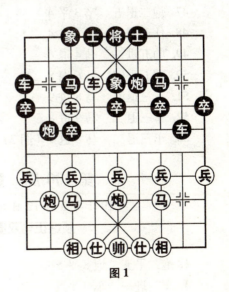

图1

14. 车七平三　炮3进3　　　15. 仕六进五　马3进5

16. 炮八退二　车8平7　　　17. 车三退一　炮2平7

18. 兵三进一　炮7退1　　　19. 马三退一　车1平2

20. 炮五平八　车2平3　　　21. 前炮平五　卒3进1

22. 相三进五　卒3进1　　　23. 马七退九　车3平2

24. 马九退七　车2进7　　　25. 马一进二　车2退5

26. 帅五平六　将5平6　　　27. 相五进七　炮7平8

28. 车六平四　马7进6　　　29. 兵一进一　将6平5

30. 车四平六　马5进4!　　31. 帅六平五　卒3进1!

32. 车六平四　炮8平5　　　33. 兵三进一　马6退4

34. 炮五平二　车2进5　　　35. 相七退九　卒3进1

36. 马二进四　后马进2　　37. 马四进五　马4退5

38. 兵三平四　马2进4　　　39. 兵五进一　卒3进1

40. 相九进七　马4退3

41. 兵五进一　马5退3

42. 炮二进三　后马退1

43. 炮二进二　马3进1

44. 兵九进一　前马进3

45. 车四平三　将5平6

46. 车三进七　将6进1

47. 炮二退五　卒3平4

48. 仕五退六　马3进4

49. 帅五进一　马4退6

50. 帅五平四　马6退8

51. 车三退五　马8进9

52. 车三退二　马9进8

53. 车三退二　马8退9（图2）

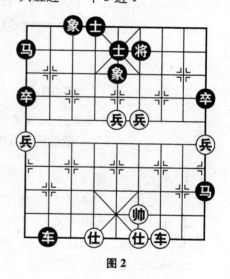

图2

第100局　魏来顺胜柳诗山

（1991年5月12日弈于无锡全国象棋团体赛）

顺炮正马双横车对巡河车正马

1. 炮二平五　炮8平5　　　2. 马二进三　马8进7

3. 车一进一　车9平8　　　4. 车一平六　车8进4

5. 马八进七　马2进3

6. 车九进一　炮2进2（图1）

7. 兵七进一　卒3进1

8. 兵七进一　车8平3

9. 马七进六　车3平4

10. 兵三进一　炮2退3

11. 马三进四　车4平8

12. 车九平七　马3进4

13. 车七进四　炮2平4

14. 车七平六　车8平4

15. 马四进六　炮5平4

16. 车六平七　后炮进3

17. 马六进四　象3进5

18. 炮八进五　车1平2

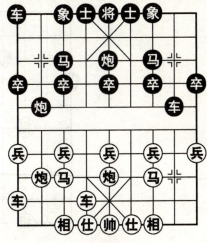

图1

19. 炮八平九　前炮平1

20. 马四进三　炮1退2

21. 马三进一　士6进5

22. 炮五平二　车2进1

23. 车七进六　炮1进4

24. 炮二进七　士5退6

25. 马一进三　象5退7

26. 车七平六　车2平8

27. 炮二平一　车8平9

28. 炮一平二　炮1平9

29. 炮二退七　车9平8

30. 炮二平五　车8平5

31. 车六退一　炮9平5

32. 仕六进五　卒5进1

33. 车六退三　卒9进1

34. 帅五平六　卒9进1

35. 车六进六　将5进1

36. 车六退一　将5进1

37. 车六退三　车8退2

38. 车六退二　车8进2

39. 车六进二　车8退2

40. 车六进一　卒7进1

41. 车六退三　炮5退1

42. 车六进一　炮5进1

43. 车六退一　炮5退1

44. 车六平五　炮5进2

45. 车五进二　将5平6

46. 兵三进一　车8退1

47. 车五平四　将6平5

48. 相三进五　象7进9

49. 帅六平五　车8平5？

50. 车四进四！　将5退1

51. 兵三平四　卒9进1

52. 仕五退六　卒9平8

53. 兵四进一　车5平4

54. 兵四进一　车4退1

55. 兵四进一　将5平4

56. 车四平五　车4进7

57. 帅五进一　车4平6

58. 兵四平五　将4进1

59. 相五进七（图2）

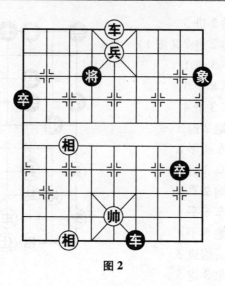

图2

第101局　许文学胜李智屏

（2003年4月20日弈于兰州全国象棋团体赛）

顺炮正马双横车对巡河车正马

1. 炮二平五	炮8平5	2. 车一进一	马8进7
3. 马二进三	车9平8	4. 车一平六	车8进4
5. 马八进七	马2进3	6. 车九进一	士4进5

7. 兵三进一　卒3进1

8. 车六进五　炮5平6

9. 兵五进一　炮6进1

10. 车六进二　炮6进4

11. 车九平七　象7进5

12. 仕六进五　炮6退6（图1）

13. 车六退二　炮6进2

14. 车六进二　炮2平1

15. 兵七进一　车1平2

16. 炮八平九　炮6退2

17. 车六退四　车2进6

18. 兵五进一　卒5进1

19. 车六平四　炮6平7

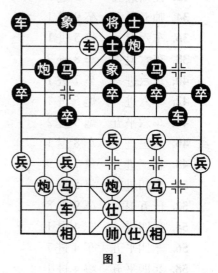

图1

20. 马七进六　卒7进1　　21. 兵七进一　车2平7

22. 兵七进一　卒7进1　　23. 车四进二　卒5进1

24. 兵七进一　车8平4　　25. 车四进二　马7进6

26. 车四平三　马6进4　　27. 车七进三　车4平3

28. 车七进一　象5进3　　29. 马三退一　马4进2

30. 炮五平八　卒1进1　　31. 相三进五　卒5平6

32. 相五进三　炮1进4　　33. 炮八平二　士5进6

34. 炮二进七　士6进5　　35. 车三进一　士5退6

36. 车三退三　士6进5　　37. 车三平六　炮1退1

38. 相三退五　炮1平4　　39. 炮九平八　车7平9

40. 车六平三　将5平6　　41. 马一进三　炮4平5

42. 车三平六　车9平3　　43. 帅五平六　车3平7

44. 炮二退八　炮5平4　　45. 帅六平五　将6平5

46. 车六平一　炮4平5　　47. 车一平六　卒1进1

48. 炮二平三　车7平6　　49. 兵七进一　卒1进1

50. 兵七平六　象3退1　　51. 炮三平一　卒6平7

52. 炮一进二　将5平6　　53. 炮一平八　卒1平2

54. 车六退二　卒2进1　　55. 车六平五　车6平4

56. 兵六平五　士6退5　　57. 车五进四　车4平6

58. 马三进五　卒7进1　　59. 马五进七　象1进3

60. 马七退八　车6平2　　61. 马八退六　象3进5

62. 车五平六　将6平5

63. 车六退四　卒7平6

64. 车六平七　卒6平5

65. 仕五退六　将5进1

66. 马六进四　卒5进1

67. 相七进五　车2平5

68. 马四进五　将5退1

69. 仕四进五　车5进1

70. 车七平八　象3退1

71. 马五进六　车5平3

72. 车八平二　将5平4

73. 马六进七！（图2）

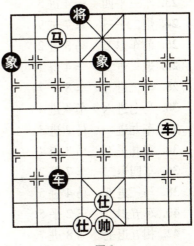

图2

第 102 局　陈翀胜曹霖

（2003 年 8 月 4 日弈于全国象棋大师冠军赛）

顺炮正马双横车对巡河车正马

1. 炮二平五	炮 8 平 5	2. 马二进三	马 8 进 7
3. 车一进一	车 9 平 8	4. 车一平六	车 8 进 4
5. 马八进七	马 2 进 3	6. 车九进一	炮 2 平 1
7. 炮八进二	卒 3 进 1	8. 车六进五	车 1 平 2
9. 炮八平三	车 8 平 4	10. 车六平七	马 3 退 5
11. 车九平四	卒 7 进 1	12. 炮三平二	车 2 进 6
13. 车七平五	车 2 平 3		
14. 马七退九	车 3 平 1 （图1）		

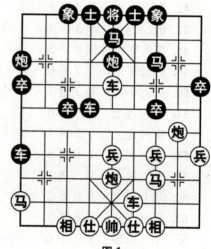

图 1

15. 车五平三	炮 5 进 5		
16. 相七进五	车 4 平 5		
17. 马九退七	车 1 平 4		
18. 兵三进一	卒 7 进 1		
19. 车三退二	车 4 退 3		
20. 仕四进五	象 3 进 5		
21. 兵五进一	车 5 平 8		
22. 车四进七	马 5 退 3		
23. 车三平四	士 4 进 5		
24. 炮二平三	象 7 进 9		
25. 前车退二	马 3 进 2		
26. 炮三进二	车 4 退 1	27. 前车平九	炮 1 退 2
28. 马三进五	车 8 平 7	29. 炮三平二	炮 1 平 3
30. 马七进六	车 4 进 4	31. 马五进三	卒 3 进 1
32. 车九进一	马 2 进 3	33. 炮二平八	炮 3 平 2
34. 车九平五	马 3 退 4	35. 炮八进一	马 7 进 8
36. 车四退二	车 7 平 2	37. 炮八平七	卒 3 进 1
38. 马三进五	马 4 进 5	39. 车四进三	象 9 退 7
40. 车五退二	车 2 平 5	41. 车四平五	炮 2 进 9
42. 相五退七	马 8 进 7	43. 车五平八	炮 2 平 1
44. 车八进四	士 5 退 4	45. 炮七进二	士 4 进 5

46. 车八退九　炮1退4	47. 炮七平九　士5进6
48. 车八进九　将5进1	49. 马六退八　马7退5
50. 车八退五　马5进6	51. 帅五平四　马6进8
52. 帅四平五　马8退6	53. 帅五平四　马6退8
54. 马八进六　炮1退1	55. 车八进一　炮1进1
56. 车八平四　炮1进1	57. 炮九平三　车4平7
58. 马六进五　车7进3	59. 帅四进一　车7退1
60. 帅四退一　车7进1	61. 帅四进一　炮1进2
62. 仕五进六　车7退1	63. 帅四退一　车7退5
64. 车四进二　卒3进1	
65. 马五进四　马8退6	
66. 车四进二　将5进1	
67. 车四平五　将5平6	
68. 马四退六！车7进6	
69. 帅四进一　将6退1	
70. 车五退五！卒3进1	
71. 仕六退五　车7退1	
72. 帅四退一　车7退1	
73. 帅四进一　卒3进1	
74. 仕五进六　车7退1	
75. 帅四退一　卒3平4	
76. 车五平四（图2）	

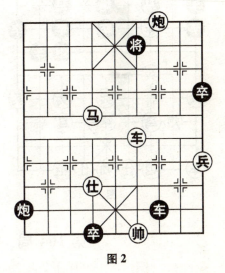

图 2

第四节　红车进卒林变化

第 103 局　张婷婷胜刚秋英

（2007 年 4 月 23 日弈于锦州全国象棋团体赛）
顺炮正马进卒林车对巡河车正马

1. 炮二平五　炮8平5	2. 车一进一　马8进7
3. 马二进三　车9平8	4. 车一平六　车8进4
5. 马八进七　马2进3	6. 车六进五　炮2进2

7. 车六平七　车1进2	8. 兵七进一　炮2平7（图1）
9. 马三退五　炮7平6	10. 车九平八　炮6退1
11. 车七退一　卒7进1	12. 马七进六　车1平2
13. 马五进七　象3进1	14. 炮八进四　炮5退1
15. 炮八平四　车2进7	16. 车七进二　车2退1
17. 车七平三　车2平6	18. 炮四平三（图2）

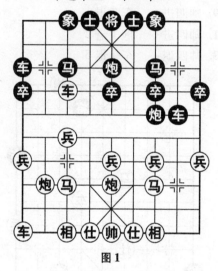

图1

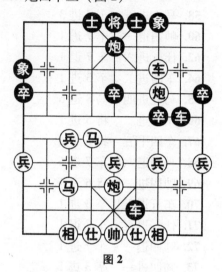

图2

第104局　赵力胜蒋凤山

（2004年2月20日弈于北京中国棋院）

顺炮正马进卒林车对巡河车正马

1. 炮二平五　炮8平5	2. 马二进三　马8进7
3. 车一进一　车9平8	4. 车一平六　车8进4
5. 马八进七　马2进3	6. 车六进五　象3进1（图1）
7. 炮八进二　卒3进1	8. 炮八平五　车8平4
9. 车六平七　车1平3	10. 车九平八　马3退5
11. 前炮进三　象7进5	12. 车七平九　炮2平4
13. 兵五进一　象5退7？	14. 兵五进一！车4平5
15. 马三进五　车5平8	16. 车九进一　炮4平5
17. 车九平六　卒7进1	18. 车八进八　车8进2
19. 车八平六　车8平7	20. 马五进六（图2）

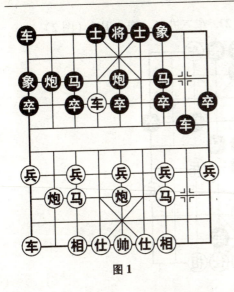

图1

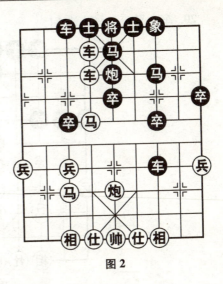

图2

第 105 局　邱东负阎文清

（2006 年 7 月 19 日弈于全国象棋甲级联赛）

顺炮正马进卒林车对巡河车正马

1. 炮二平五　炮 8 平 5
2. 车一进一　马 8 进 7
3. 马二进三　车 9 平 8
4. 车一平六　车 8 进 4
5. 马八进七　马 2 进 3
6. 车六进五　炮 2 进 2（图 1）
7. 兵七进一　炮 2 平 7
8. 马三退五　车 8 进 4
9. 兵三进一　炮 7 平 6
10. 马七进六　炮 6 退 1
11. 车六进二　炮 5 进 4
12. 车六平四　车 1 平 2
13. 车九平八　车 8 平 6
14. 炮八进四　马 7 退 5
16. 车四退一　马 5 进 4
18. 车四平七　卒 5 进 1

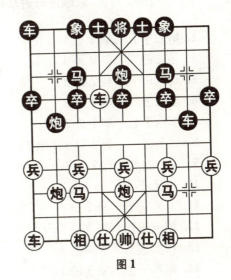

图1

15. 车八进三？炮 5 退 1
17. 车八平五　车 2 进 3
19. 马五进七　士 6 进 5

20. 车七平三　马4进6！　　　　21. 车三进二　炮6退3（图2）

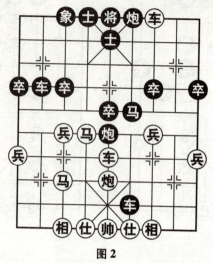

图2

第106局　张婷婷胜金海英

（2008年11月5日弈于顺德全国象棋个人赛）

顺炮正马进卒林车对巡河车正马

1. 炮二平五　炮8平5　　　　2. 车一进一　马8进7

3. 马二进三　车9平8　　　　4. 车一平六　车8进4

5. 马八进七　马2进3

6. 车六进五　炮2进2

7. 车六平七　车1进2

8. 兵七进一　炮2退3（图1）

9. 马七进六　炮2平3

10. 车七平八　马3进2

11. 马六进五　马7进5

12. 炮五进四　炮3平5

13. 相七进五　车1平4

14. 炮八平七　象3进1

15. 炮五平七　后炮进5

16. 马三进五　车4进4

17. 仕六进五　车4平5

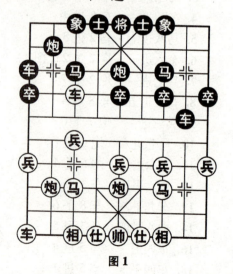

图1

18. 车九平六　马2进3?	**19.** 车六进八　车8平5
20. 车八退三　马3进5	**21.** 车八进六　象1退3
22. 前炮平五!（图2）	

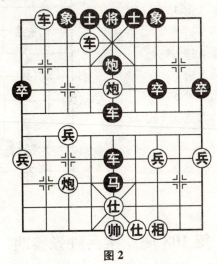

图 2

第 107 局　宋德柔负赵国荣

（1999 年 10 月 18 日弈于沈阳世界象棋冠军赛）

顺炮正马进卒林车对巡河车正马

1. 炮二平五　炮8平5

2. 车一进一　马8进7

3. 车一平六　车9平8

4. 马二进三　车8进4

5. 马八进七　马2进3

6. 车六进五　炮2进2

7. 兵七进一　炮2平7

8. 马三退五　士6进5（图1）

9. 车九平八　车1进2

10. 炮八平九　车8进1

11. 车八进四　车8平6

12. 相三进一　车6进3

13. 车六退二　卒5进1

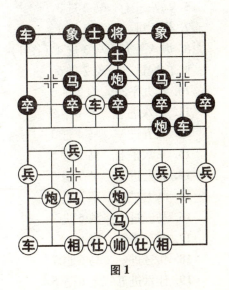

图 1

·129·

14. 车六平二　马3进5
15. 马七进六　将5平6
16. 车二退四　车1平4
17. 马五进七　卒5进1
18. 马六进五　马7进5
19. 仕六进五　车4进6!
20. 炮九进四　马5进6
21. 炮五平四　马6进5!
22. 炮九平三　马5进3（图2）

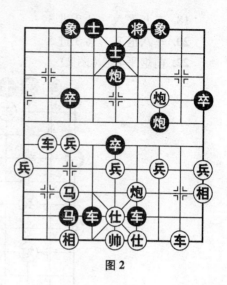

图2

第108局　宇兵胜张黎明

（2005年2月29日弈于灌南汤沟杯象棋大奖赛）
顺炮正马进卒林车对巡河车正马

1. 炮二平五　炮8平5
2. 车一进一　马8进7
3. 马二进三　车9平8
4. 车一平六　车8进4
5. 马八进七　马2进3
6. 车六进五　象3进1
7. 炮八进二　卒3进1
8. 炮八平五　马3进4（图1）
9. 前炮进三　象7进5
10. 车九平八　炮2平3
11. 车八进七　车1平3
12. 兵五进一　马4进3
13. 车六平七　马3进5
14. 相七进五　马7退5
15. 马七进五　卒5进1?
16. 马五进三!　象5进7
17. 前马进五　车8退2
18. 兵三进一　马5退7
19. 仕六进五　士6进5

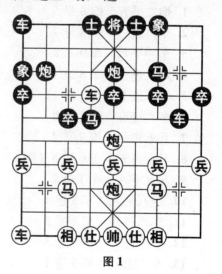

图1

20. 车八平九 炮3退1   21. 车九平二 马7进8

22. 马五进三 炮3进1   23. 后马进四（图2）

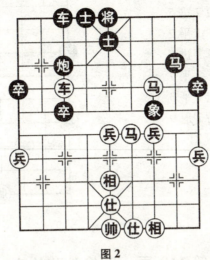

图2

第109局 朱少均胜蔡乔

（2012年12月25日弈于东莞凤岗季度象棋公开赛）

顺炮正马进卒林车对巡河车正马

1. 炮二平五 炮8平5   2. 马二进三 马8进7

3. 车一进一 车9平8

4. 车一平六 车8进4

5. 马八进七 马2进3

6. 车六进五 车8平3（图1）

7. 兵七进一 车3进1

8. 马七进六 炮2进1

9. 车六平七 车3平4

10. 车七进一 炮5平4?

11. 炮八平七 士4进5

12. 车九平八 炮2平4

13. 炮七进七! 车4进4

14. 帅五进一 前炮进4

15. 炮七平八 前炮平7

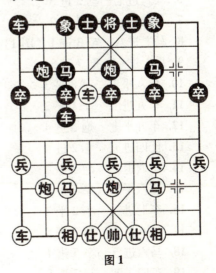

图1

16. 炮五平七！ 车4平3
17. 车七进二 炮4退2
18. 车八平七 象7进5
19. 前车退二 车1平2
20. 前车平五 车2进8
21. 帅五退一 车2平7
22. 相三进五 炮7平3
23. 车七进二 马7退9
24. 帅五平六（图2）

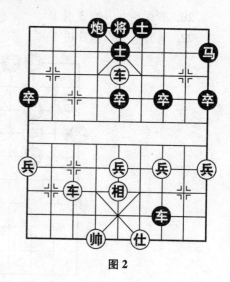

图2

第110局 严俊胜陈信安

（2007年4月23日弈于锦州杯全国象棋团体赛）

顺炮正马进卒林车对巡河车正马

1. 炮二平五 炮8平5
2. 车一进一 马8进7
3. 马二进三 车9平8
4. 车一平六 车8进4
5. 马八进七 马2进3
6. 车六进五 炮2进2
7. 兵七进一 炮2平7
8. 马七进八 卒3进1（图1）
9. 兵七进一 炮7进3
10. 炮八平三 车8平3
11. 车九进二 车1平2
12. 车九平七 炮5进4
13. 仕四进五 车2进4
14. 车六退三 炮5退2
15. 车六平四 象7进5
16. 车七进三 车2平3
17. 马八退六 车3进5
18. 马六进五 卒5进1
19. 车四进四 马7退8

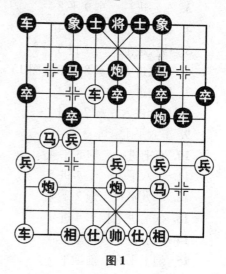

图1

20. 车四平二 　马8进6

21. 车二进一 　马6进5

22. 炮三平一 　卒5进1

23. 炮一进四 　马5进4?

24. 炮一进三 　士6进5

25. 炮五平二?! 车3退2

26. 相三进五 　车3平5

27. 炮二进三 　士5进4

28. 车二平一（图2）

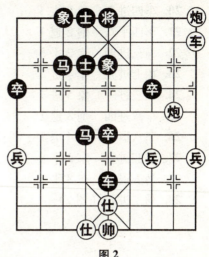

图2

第111局　柳大华胜高明海

（1989年5月1日弈于全国象棋团体赛）

顺炮正马进卒林车对巡河车正马

1. 炮二平五 　炮8平5　　　2. 马二进三 　马8进7

3. 车一进一 　车9平8　　　4. 车一平六 　车8进4

5. 马八进七 　马2进3　　　6. 车六进五 　马7退5（图1）

7. 车六退二 　卒3进1

8. 兵三进一 　车8平4

9. 兵七进一 　车4进1

10. 马七进六 　卒3进1

11. 马六进四 　车1进1

12. 车九进一 　车1平4

13. 车九平四 　卒3进1

14. 炮八进四 　卒3进1

15. 仕四进五 　卒3进1

16. 炮八平三 　炮5平8

17. 马四进二! 马5进4

18. 炮三平六 　士4进5

19. 炮六退四 　卒3平4

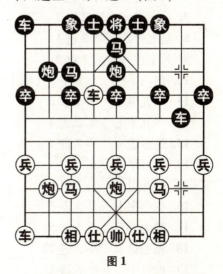

图1

20. 车四进三　象7进5

21. 车四平八　炮2退1

22. 马三进四　炮2平3

23. 相七进九　车4进2

24. 相三进一　象5进7

25. 车八进四　炮8退1

26. 车八退一　车4退1

27. 马四进五　车4平8

28. 马五退三！车8平7

29. 马二进四（图2）

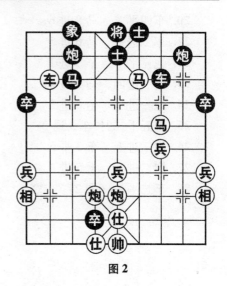

图2

第 112 局　徐超胜陈建国

（2002 年 4 月 6 日弈于济南全国象棋团体赛）

顺炮正马进卒林车对巡河车正马

1. 炮二平五　炮8平5　　2. 车一进一　马8进7

3. 马二进三　车9平8　　4. 车一平六　车8进4

5. 马八进七　马2进3　　6. 车六进五　炮2进2

7. 兵七进一　炮2平7

8. 马七进八　卒3进1

9. 兵七进一　炮7进3

10. 炮八平三　车8平3（图1）

11. 车九进二　车1平2

12. 车九平七　车2进4

13. 炮五退一　卒7进1

14. 炮五平七　车3进3

15. 马八退七　马7进6

16. 车六平七　马3退5

17. 炮七平五　马6进5！

18. 相七进五　车2进2

19. 炮三平二　卒5进1

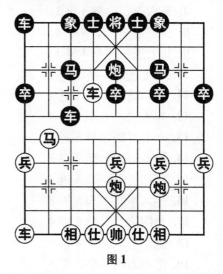

图1

134

20. 炮二进一！ 卒 5 进 1

21. 车七平五　车 2 退 2

22. 马七进五　卒 5 进 1

23. 炮二平五　炮 5 进 4

24. 车五退三　象 3 进 5

25. 相五退七　车 2 退 1

26. 兵一进一　车 2 平 3

27. 炮五进一　车 3 平 6

28. 仕四进五　车 6 进 2

29. 车五进三　车 6 进 1

30. 车五退一（图2）

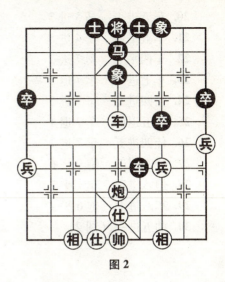

图 2

第 113 局　王国敏胜赵利琴

（2003 年 4 月 24 日弈于兰州全国象棋团体赛）

顺炮正马进卒林车对巡河车正马

1. 炮二平五　炮 8 平 5　　　**2.** 马二进三　马 8 进 7

3. 车一进一　车 9 平 8　　　**4.** 车一平六　车 8 进 4

5. 马八进七　马 2 进 3　　　**6.** 车六进五　炮 2 进 2

7. 兵七进一　炮 2 平 7

8. 马三退五　马 7 退 5

9. 车六平七　炮 7 平 6

10. 车九平八　炮 6 退 1（图1）

11. 车七退一　车 8 进 4

12. 炮八退一　车 8 退 1

13. 炮八进五　车 8 平 6

14. 马七进六　炮 5 进 4

15. 马六进五！象 7 进 5

16. 车八进三！马 3 进 5

17. 车七平五　炮 5 平 9

18. 车八退一　炮 9 进 3

19. 马五进三　车 6 平 7

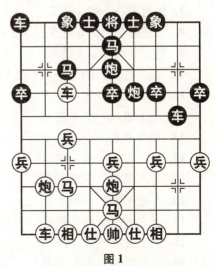

图 1

20. 车五进一	马 5 进 3
21. 车五平四	士 4 进 5
22. 车四平七	车 7 进 2
23. 车七进一	车 7 退 3
24. 仕四进五	车 7 进 3
25. 仕五退四	车 7 退 1
26. 仕四进五	车 7 进 1
27. 仕五退四	炮 9 平 6
28. 炮八进三	车 1 平 2
29. 车八进七	炮 6 平 4
30. 帅五进一 （图 2）	

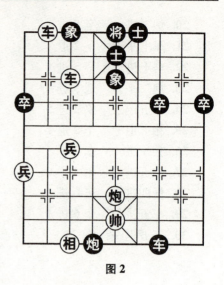

图 2

第 114 局　赵鑫鑫胜申鹏

（2006 年 12 月 14 日弈于全国象棋大师冠军赛）
顺炮正马进卒林车对巡河车正马

1. 炮二平五	炮 8 平 5	**2.** 马二进三	马 8 进 7
3. 车一进一	车 9 平 8	**4.** 车一平六	车 8 进 4
5. 马八进七	马 2 进 3	**6.** 车六进五	炮 2 进 2
7. 兵七进一	炮 2 平 7		
8. 马三退五	士 6 进 5		
9. 车九平八	车 8 进 4		
10. 兵三进一	炮 7 平 6 （图 1）		
11. 马五进三	车 8 平 7		
12. 马七进八	卒 1 进 1		
13. 车六平七	卒 1 进 1		
14. 兵九进一	车 1 进 5		
15. 炮八平七	炮 5 平 6？		
16. 车七平九！	前炮平 2		
17. 车九退二	炮 2 进 5		
18. 炮七进五	象 7 进 5		
19. 炮七平四	车 7 退 1		

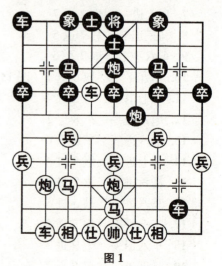

图 1

20. 炮四退四	车7进2
21. 马八退七	炮2退7
22. 兵七进一	卒7进1
23. 兵三进一	车7退5
24. 兵七进一	车7平3
25. 马七进六	车3进5
26. 兵七平八	炮2平4
27. 仕四进五	炮4进2
28. 炮五平七	炮4平7
29. 车九进一	车3平2
30. 炮四进三（图2）	

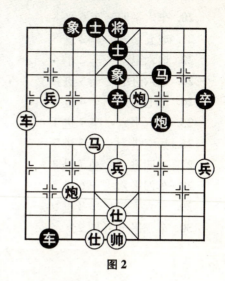

图 2

第 115 局　陈卓胜邱福源

（2010 年 12 月 1 日弈于镇江长三角中国象棋精英赛）

顺炮正马进卒林车对巡河车正马

1. 炮二平五	炮8平5		**2.** 马二进三	马8进7
3. 车一进一	车9平8		**4.** 车一平六	车8进4
5. 马八进七	马2进3		**6.** 车六进五	炮2进2
7. 兵七进一	卒3进1?			
8. 车六平七!	卒3进1（图1）			
9. 车七进一	炮2平3			
10. 马七退五	车1平2			
11. 炮八平七	卒3平4			
12. 车七平六	炮3平4			
13. 炮七进三	炮4进5			
14. 帅五平六	车8平3			
15. 车六退三	士4进5			
16. 相七进九	炮5平4			
17. 帅六平五	车3平6			
18. 兵三进一	车6进4			
19. 车九平七	象7进5			

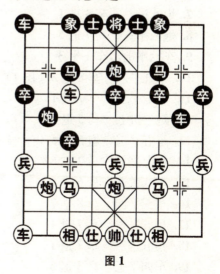

图 1

20. 车六平四　　车6平8
21. 炮五平六　　车2进8
22. 炮六退二　　车2平4
23. 炮六进七　　士5进4
24. 车七平六　　车4进1
25. 帅五平六　　卒7进1
26. 兵三进一　　象5进7
27. 车四进三　　马7进8
28. 车四平六　　士6进5
29. 车六平二　　马8进9
30. 车二平七（图2）

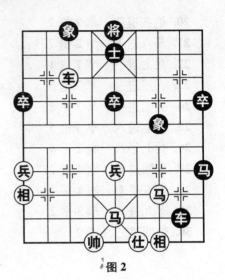

图2

第116局　何媛胜谢启文

（2011年10月5日弈于惠州象棋公开赛）

顺炮正马进卒林车对巡河车正马

1. 炮二平五　　炮8平5　　2. 车一进一　　马8进7
3. 马二进三　　马2进3　　4. 车一平六　　车9平8
5. 马八进七　　车8进4　　6. 车六进五　　象3进1
7. 炮八进二　　卒3进1
8. 炮八平三　　马7退5
9. 车六平七　　车1平3
10. 车九平八　　车8进2（图1）
11. 车七平五　　卒7进1
12. 炮三进五　　马5退7
13. 车五平三　　炮5进5
14. 相七进五　　马7进6?
15. 车八进七　　马6进5
16. 车三平四　　车8平7
17. 兵五进一　　车7进1
18. 兵五进一　　车7退1
19. 车四平七　　马3退5

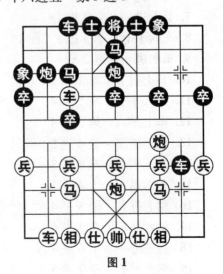

图1

138

20. 车七平五　车7平6
21. 车八平九　卒7进1
22. 兵五平六　卒7进1
23. 兵六进一　车6退3
24. 车九平五　车6进3
25. 马七进五　卒7进1
26. 马五进六　卒7进1
27. 仕四进五　卒7平6
28. 后车平四!　车3进2
29. 兵六进一　车3平4
30. 车四退三　车4进2
31. 车四退二（图2）

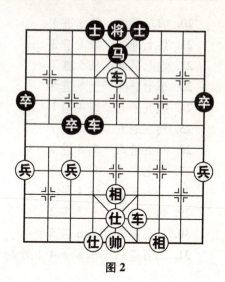

图2

第117局　宋国强负王斌

（1997年5月9日弈于上海全国象棋团体赛）

顺炮正马进卒林车对巡河车正马

1. 炮二平五　炮8平5
2. 马二进三　马8进7
3. 车一进一　车9平8
4. 车一平六　车8进4
5. 马八进七　马2进3
6. 车六进五　炮2进2
7. 车六平七　车1进2
8. 兵七进一　炮2退3
9. 车七退一　卒7进1
10. 马七进六　炮2平3（图1）
11. 马六进七　车1平2
12. 炮八平七　炮5平6
13. 车九进一?　炮6进1!
14. 车七平六　炮3进2
15. 炮七进四　炮6平3
16. 车六平七　炮3平4
17. 炮五平七　马3退5
18. 车七进三　车2进5
19. 车九平七　马7进6

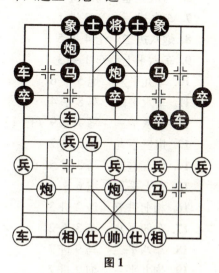

图1

20. 前车平六　象3进1
21. 兵七进一　象1进3
22. 炮七平五　马5进7
23. 车七进四　士6进5
24. 炮五平七　炮4退1
25. 马三退五　车2退7
26. 马五进六　车8进1
27. 车七平八　车2平3
28. 马六进七　炮4平3
29. 炮七进五　车3进2
30. 马七退五　马6进5
31. 马五进六　车8平4（图2）

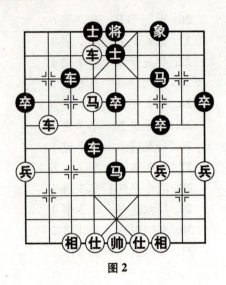

图2

第118局　李物让胜党斐

（2008年10月25日弈于武汉高校擂台赛）

顺炮正马进卒林车对巡河车正马

1. 炮二平五　炮8平5　　2. 马二进三　马8进7
3. 车一进一　车9平8　　4. 车一平六　车8进4
5. 马八进七　马2进3　　6. 车六进五　象3进1
7. 车九进一　卒3进1
8. 炮八进二　士4进5
9. 车六平七　车1平3
10. 车九平六　炮5平6
11. 车六平四　车8平4
12. 炮八平三　马7退9（图1）
13. 炮三平九　炮2进2
14. 炮五进四　马3进5
15. 车七平五　炮6平5
16. 相七进五　炮2进3
17. 车四平八　车3平2
18. 车八平二　马9进7
19. 炮九平三　炮2进2

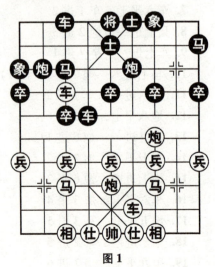

图1

20. 马七退八　车 2 进 9

21. 仕四进五　炮 5 平 4

22. 车五平三　象 7 进 5

23. 车二进五　炮 4 进 7

24. 车三平八　车 2 平 1？

25. 炮三平九！　车 1 退 3

26. 炮九进三！　车 1 平 3

27. 仕五退六　马 7 进 6

28. 车二平五　将 5 平 4

29. 车八进三　将 4 进 1

30. 仕六进五　车 4 进 4

31. 车八退九（图 2）

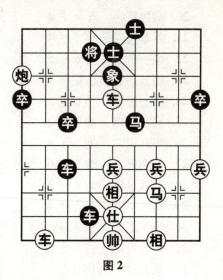

图 2

第 119 局　孟辰胜张凤鸣

（2011 年 8 月 23 日弈于武汉浪子杯全国象棋公开赛）

顺炮正马进卒林车对巡河车正马

1. 炮二平五　炮 8 平 5　　**2.** 马二进三　马 8 进 7

3. 车一进一　车 9 平 8　　**4.** 车一平六　车 8 进 4

5. 马八进七　马 2 进 3　　**6.** 车六进五　炮 2 退 1（图 1）

7. 炮八进二　炮 2 平 6

8. 车九平八　炮 6 进 2

9. 车六进二　士 4 进 5

10. 车六平七　炮 6 退 1

11. 炮八进五　士 5 退 4

12. 兵七进一　士 6 进 5

13. 兵三进一　车 8 平 4

14. 炮五平四！　车 4 退 2

15. 仕六进五　炮 6 退 1

16. 车七进一　马 3 退 2

17. 车七平八　车 1 进 1

18. 前车退四！　马 7 退 6

19. 炮四进四　士 5 进 6

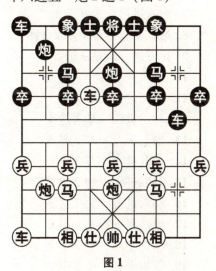

图 1

20. 炮四平一　车4进4
21. 后车进三　车1平4
22. 炮一平五　炮6平5
23. 炮五平九　前炮平1
24. 相七进五　马6进5
25. 马三进四　前车平2
26. 车八退二　炮5平8
27. 马四进三　炮8进6
28. 车八进四　炮8平3
29. 车八平九　马5进4
30. 马三退五　象7进5
31. 马五进四　将5平6
32. 兵五进一 （图2）

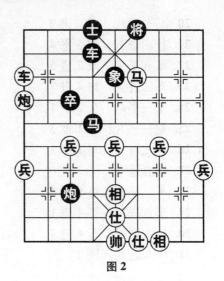

图2

第120局　罗忠才胜郑乃东

（2003年4月20日弈于兰州全国象棋团体赛）

顺炮正马进卒林车对巡河车正马

1. 炮二平五　炮8平5	2. 马二进三　马8进7
3. 车一进一　车9平8	4. 车一平六　车8进4
5. 马八进七　马2进3	6. 车六进五　象3进1

7. 炮八进二　车8平3
8. 炮八平七　车1平2 （图1）
9. 兵三进一　马3退5
10. 车六进二　卒7进1
11. 兵三进一　车3平7
12. 马三进四　卒3进1
13. 炮七平八　车2平3
14. 车九进一　车7平6
15. 马四进六　炮2进2
16. 马六进五　象7进5
17. 炮八平五!　车6退2
18. 车九平八　车3平2
19. 前炮平九!　象5退7

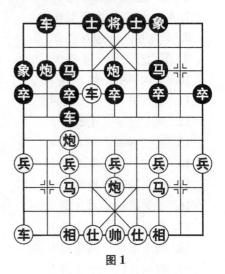

图1

20. 炮五进四！　马5进6

21. 车八平四　炮2进1

22. 车六退二　车2进2

23. 车四平六　车2退2

24. 炮五退一　卒1进1

25. 前车平五　士6进5

26. 车五平四　车6平5

27. 炮五平九　炮2进1

28. 后炮平三　车2进4

29. 炮九进一　炮2平5

30. 马七进五　车5进4

31. 车六平五　车5平4

32. 车四平三　车2退2

33. 炮三平五　将5平6

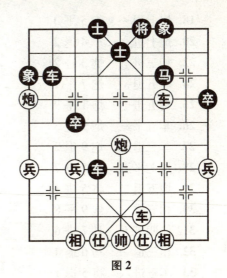

图2

34. 车五平四（图2）

第121局　许银川胜洪智

（2006年12月1日弈于第2届MMI世界象棋大师赛）
顺炮正马进卒林车对巡河车正马

1. 炮二平五　炮8平5

2. 车一进一　马8进7

3. 马二进三　车9平8

4. 车一平六　车8进4

5. 马八进七　马2进3

6. 车六进五　炮2进2

7. 车六平七　车1进2

8. 兵七进一　炮2退3

9. 马七进六　炮2平4

10. 车九平八　车1平2（图1）

11. 炮五平七　马7退5

12. 炮八进四　车8平4

13. 车七进一　车2平3

14. 炮七进五　炮4进4

15. 炮七退一　卒7进1

16. 炮八进一　炮4进1

17. 车八进六　卒1进1

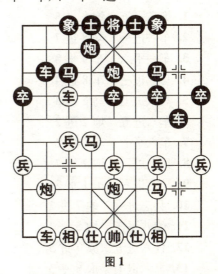

图1

143

18. 炮七退一　炮5平3　　19. 车八平五　炮3进3

20. 炮七进一　车4退2　　21. 炮八退一　炮4平7

22. 相三进五　炮3进2　　23. 马三退五　炮3平2

24. 车五退一　炮7平1

25. 马五进七　炮1平9

26. 车五平三　炮9进3

27. 车三退五　炮9退2

28. 炮七平五　马5进7

29. 炮五退二　将5进1

30. 相五进三　炮9平8

31. 仕四进五　马7进6

32. 相三退一　马6退4

33. 车三进八　将5退1

34. 炮五平三　炮8平7

35. 车三平七　马4进2?

36. 炮八平五!（图2）

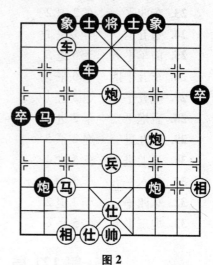

图2

第122局　胡培全负叶碧强

（2011年10月15日弈于珠海智力运动会象棋赛）

顺炮正马进卒林车对巡河车正马

1. 炮二平五　炮8平5

2. 车一进一　马8进7

3. 车一平六　车9平8

4. 马二进三　车8进4

5. 马八进七　马2进3

6. 车六进五　炮2进2

7. 车六平七　车1进2

8. 兵七进一　炮2平7（图1）

9. 马七进六　车1平2

10. 兵三进一　炮7进3

11. 炮八平三　炮5进4

12. 仕六进五　象7进5

13. 马六退七　炮5平3

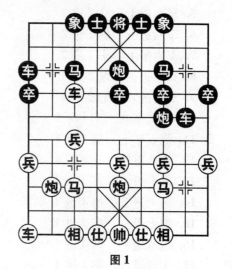

图1

14. 车七平六　车8平4　　15. 炮三进四　车4退1
16. 炮三平六　车2进1　　17. 炮六退六　马7进6
18. 车九平八　车2进6　　19. 炮六平八　士6进5
20. 炮五平一　卒5进1　　21. 炮一进四　卒5进1
22. 炮八进四　卒5进1　　23. 炮一退一　卒5平4
24. 兵三进一　马6退4　　25. 炮八退一　炮3进3
26. 马七退九　炮3平1
27. 兵七进一　马4进3
28. 炮八退二　后马进5
29. 兵三平四　马5进4
30. 兵四进一　马3进1
31. 炮八进一　卒4平3
32. 炮八平二　马4进6
33. 炮二进七　将5平6
34. 兵七平六　马1进2
35. 炮一平四　将6平5
36. 仕五进四? 马6进4!
37. 帅五进一　马4进3
38. 帅五进一　马2进4
39. 帅五退一　马3退1（图2）

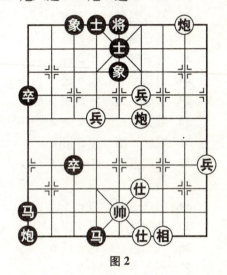

图2

第 123 局　赵国荣胜林宏敏

（1983 年 11 月 28 日弈于昆明全国象棋个人赛）
顺炮正马进卒林车对巡河车正马

1. 炮二平五　炮8平5　　2. 车一进一　马8进7
3. 马二进三　车9平8　　4. 车一平六　车8进4
5. 马八进七　马2进3　　6. 车六进五　炮2进2
7. 兵七进一　炮2平7　　8. 马七进八　卒3进1
9. 兵七进一　炮7进3　　10. 炮八平三　车8平3
11. 车九进二　车1平2　　12. 车九平七　车2进4
13. 炮五退一　卒7进1　　14. 炮五平七　车3进3
15. 马八退七　马7进6　　16. 车六平七　马3退5
17. 炮七平五　马6进5　　18. 相七进五　车2进2（图1）

19. 炮三平二　卒5进1
20. 马七进六　车2退1
21. 马六进五　前马进7
22. 相五进七　马7进5
23. 仕四进五　炮5平1?
24. 炮二进三!　卒5进1
25. 马五退三　象7进5
26. 马三退五　马5进7
27. 马五进四　车2退4
28. 炮二平五　士6进5
29. 车七平九　将5平6
30. 炮五退三　车2进3
31. 炮五平四　士5进6
32. 马四退五　士6退5
33. 马五进六　车2平3
34. 马六退四　将6平5
35. 马四进二　马7退8
36. 马二进三　马8进6
37. 车九平一　士5退6
38. 车一平四　炮1退1
39. 车四进二　士4进5
40. 炮四平二　（图2）

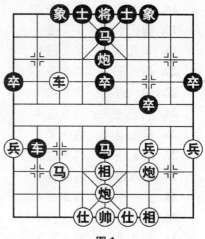

图1

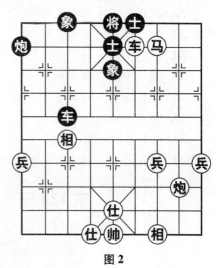

图2

第124局　李雪松负许银川

（2008年11月16日弈于杨官璘杯全国象棋公开赛）
顺炮正马进卒林车对巡河车正马

1. 炮二平五　炮8平5
2. 马二进三　马8进7
3. 车一进一　车9平8
4. 车一平六　车8进4
5. 马八进七　马2进3
6. 车六进五　车1进2（图1）
7. 兵七进一　卒3进1
8. 车六平七　炮2进4

9. 兵三进一　炮2平3

10. 车九平八　炮5退1

11. 炮八进五　卒3进1

12. 车七退二　炮3进3

13. 车八平七　车1平2

14. 后车平八　车2进7

15. 马七退八　马3进4

16. 车七进五　卒7进1

17. 炮五平八　炮5平2

18. 炮八平六　士6进5

19. 兵三进一　车8平7

20. 相三进五　车7进2

21. 车七退五　马4退2

22. 车七退四　马7进8

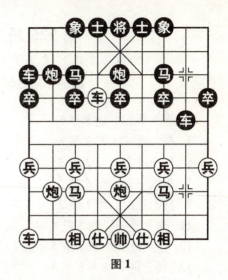

图 1

24. 马九进七　马4进6

26. 车八进五　炮4进5

28. 车四退三　车7平5

30. 马六进八　马5退4

31. 仕四进五　炮4平5

32. 帅五平四　炮5平6

33. 帅四平五　车5平3

34. 马三进二　炮6平2

35. 炮六平八　车3退1

36. 帅五平四　卒5进1!

37. 马二退四　马8进9!

38. 马四进六　马9进8

39. 帅四平五　马8退6

40. 仕五进四　车3进3

41. 马六退八　车3平2

42. 炮八平七　车2平3（图2）

23. 马八进九　马2进4

25. 车七平八　炮2平4

27. 车八平四　马6进5

29. 马七进六　车5退2

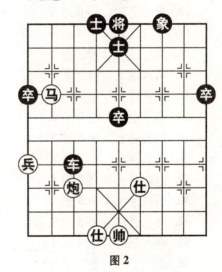

图 2

第125局　孟辰胜周涛

（2009年7月22日弈于中国棋院全国象棋一级棋士赛）

顺炮正马进卒林车对巡河车正马

1. 炮二平五　炮8平5　　　　2. 车一进一　马8进7
3. 马二进三　车9平8　　　　4. 车一平六　车8进4
5. 马八进七　马2进3　　　　6. 车六进五　炮2进2
7. 车六平七　车1进2　　　　8. 兵七进一　炮2平7
9. 马七进六　车1平2　　　　10. 炮八平七　炮7进3

11. 炮七平三　炮5进4
12. 仕六进五　象7进5（图1）
13. 兵七进一　车8平3
14. 车七退一　象5进3
15. 车九进二　马3进4
16. 车九平七　马4进6
17. 炮三平四　车2平4
18. 车七进二　马6进5
19. 相三进五　车4进2
20. 兵一进一　卒7进1
21. 马六退七　炮5平2
22. 兵三进一　象3进5
23. 车七退一　炮2退5

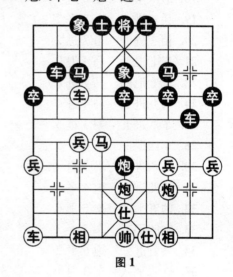

图1

24. 马七进五　车4平5　　　25. 兵三进一　象5进7
26. 马五进三　车5平4　　　27. 车七平八　炮2平9
28. 炮四平三　马7退5　　　29. 炮三平一　马5进6
30. 马三退二　卒5进1　　　31. 炮一进四　马6退4
32. 马二进四　卒5进1　　　33. 车八进一　马4进6？
34. 炮一平九　炮9平1　　　35. 炮九平八　炮1平2
36. 炮八平七　炮2平3　　　37. 车八进四　炮3进1
38. 车八退一　炮3平4　　　39. 炮七平九　象3退1
40. 炮九平五　马6退8　　　41. 马四退二　车4平5？

42. 车八平六！（图2）

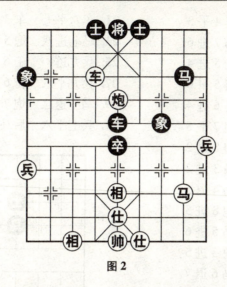

图 2

第 126 局　吕钦胜焦明理

（2007 年 9 月 4 日弈于呼和浩特全国象棋个人赛）

顺炮正马进卒林车对巡河车正马

1. 炮二平五　炮 8 平 5　　2. 车一进一　马 8 进 7

3. 马二进三　车 9 平 8　　4. 车一平六　车 8 进 4

5. 马八进七　马 2 进 3　　6. 车六进五　士 4 进 5（图 1）

7. 车六平七　马 3 退 4

8. 炮八平九　车 8 平 2

9. 兵七进一　象 3 进 1

10. 炮九进四　车 1 平 3

11. 车七进三　象 1 退 3

12. 炮九进三　炮 2 平 3

13. 马七进六　炮 3 平 1

14. 炮五平九　炮 1 进 5

15. 车九进二　车 2 平 1

16. 炮九平八　车 1 平 2

17. 炮八平九　车 2 平 1

18. 炮九平八　车 1 平 4

19. 车九平六　卒 7 进 1

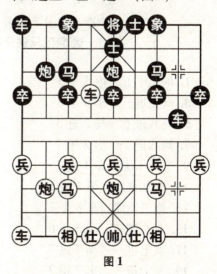

图 1

20. 兵七进一　车4平3　　21. 车六平七　车3进3
22. 马六退七　马7进6　　23. 马七进八　炮5平7
24. 相三进五　士5进4　　25. 兵九进一　士6进5
26. 兵九进一　将5平6　　27. 兵九平八　将6进1
28. 兵八平七　马6进4　　29. 马三退二　炮7进4
30. 马二进四　炮7平8　　31. 兵七平六　后马进3
32. 炮八平三　炮8退2
33. 兵六进一　马3进2
34. 兵六平五　马4退5
35. 马四进三　炮8进5
36. 仕四进五　马5进6
37. 兵五进一　象3进5?
38. 马八进六！马6退7
39. 马三进二！卒9进1
40. 马二进三　马7退9
41. 马六进五　马2退4
42. 马五退六　士5进6
43. 炮三退四　马9进7
44. 马六退四（图2）

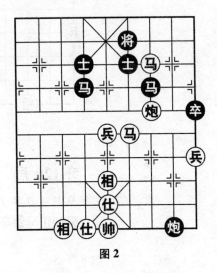

图 2

第 127 局　赵寅胜尤颖钦

（2006 年 4 月 3 日弈于济南全国象棋团体赛）

顺炮正马进卒林车对巡河车正马

1. 炮二平五　炮8平5　　2. 车一进一　马8进7
3. 马二进三　车9平8　　4. 车一平六　车8进4
5. 马八进七　马2进3　　6. 车六进五　炮2进2
7. 炮八进二　炮2平7　　8. 炮八平三　卒3进1
9. 车六平七　车1进2　　10. 车七退一　车8进2
11. 车九平八　卒1进1　　12. 炮三进二　炮7进3
13. 炮三退四　车8平7　　14. 炮三进五　车7退4（图1）
15. 车八进四　炮5平6　　16. 车八平四　士4进5
17. 兵七进一　车7进7　　18. 马七进六　象3进5
19. 车七进一　车7退3　　20. 兵七进一　车7平5

21. 车七平六　卒5进1

22. 兵七进一　卒5进1

23. 马六进八　车1平2

24. 车四进一　马3退2

25. 车六平一　车5平4

26. 马八进六　卒5进1

27. 炮五平二　炮6平8

28. 仕四进五　车2进7

29. 车四平九　马2进4

30. 车九进四　车2退9

31. 车九平八　马4退2

32. 马六进七　车4退5

33. 炮二平七　象5进3

34. 马七退六　车4进1

35. 炮七进二！车4平7

36. 炮七平五　士5进4

37. 车一平二　将5平4

38. 马六退四　车7进7

39. 仕五退四　炮8平5

40. 车二平六　士6进5

41. 马四进五　象7进5

42. 炮五进四！卒5平6

43. 车六进一　将4平5

44. 炮五平九　车7退6

45. 车六退一　车7退2

46. 车六平二（图2）

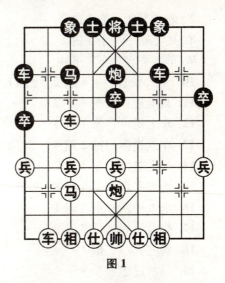

图1

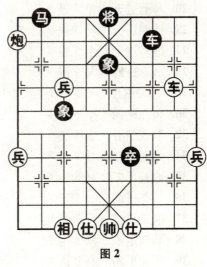

图2

第128局　许文章胜陈庆宇

（2013年1月26日弈于重庆首届"少年宫杯"象棋赛）

顺炮正马进卒林车对巡河车正马

1. 炮二平五　炮8平5

2. 车一进一　马8进7

3. 马二进三　车9平8

4. 车一平六　马2进3

5. 马八进七　车8进4

6. 车六进五　象3进1

7. 炮八平九　炮2进2

8. 兵七进一　士4进5

9. 车九平八　车1平4

10. 车六平七　车4进2（图1）

11. 兵七进一　车8平3

12. 车七退一　象1进3

13. 车八进四　炮2退4

14. 马七进六　车4进2

15. 炮五平六　车4平8

16. 炮九进四　象3退1

17. 炮九平三　马7退9

18. 兵三进一　炮2平4

19. 马六进七　车8平3

20. 马七进五　象7进5

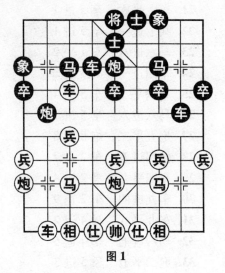

图1

21. 相三进五　车3进3

22. 仕四进五　马3进4

23. 车八进五　车3退1

24. 炮六进七　士5退4

25. 兵九进一　马4进5

26. 马三进四　马9进7

27. 车八退五　车3退2

28. 车八平五　车3平6

29. 兵三进一　卒5进1

30. 兵三平四　卒5进1

31. 马四进二　马7退9

32. 炮三平五　士4进5

33. 兵四平五　象1退3

34. 炮五退二　马9进8

35. 炮五平二　马8退6

36. 马二进四　马5进7

37. 炮二退二　马7退8

38. 马四退三　马8退7?

39. 兵五平四　马7进9

40. 马三退四！马6进8

41. 兵四进一　马8退7

42. 兵一进一　马7进6

43. 兵一进一　卒9进1

44. 马四进二　卒9进1

45. 马二进四　卒9平8

46. 炮二平一（图2）

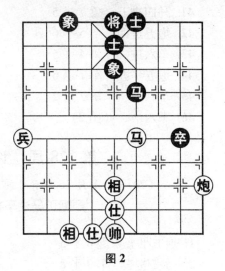

图2

第 129 局 陈富杰胜刘立山

（2009 年 8 月 11 日弈于广东省顺德的象棋锦标赛）

顺炮正马进卒林车对巡河车正马

1. 炮二平五　炮 8 平 5
2. 马二进三　马 8 进 7
3. 车一进一　车 9 平 8
4. 车一平六　车 8 进 4
5. 马八进七　马 2 进 3
6. 车六进五　炮 2 进 2
7. 兵七进一　炮 2 平 7
8. 马三退五　车 8 进 4
9. 兵三进一　炮 7 平 8
10. 马五进三　车 1 平 2
11. 车九平八　车 8 平 7
12. 马七退五　炮 5 平 6 （图 1）
13. 车六退一　炮 8 进 2
14. 车六平二　炮 8 平 1
15. 车二平四　炮 6 平 4
16. 兵七进一　卒 3 进 1
17. 车四平七　车 2 进 2
18. 炮五平七！马 7 退 5
19. 炮七退一　炮 4 进 6
20. 炮八退一！车 7 退 1
21. 马五进三　炮 4 平 2
22. 车七进一　卒 1 进 1
23. 马三进四　车 2 进 4

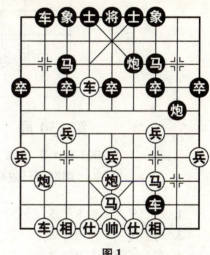

图 1

24. 马四进六　炮 1 平 5
25. 车七退三　车 2 平 3
26. 马六退七　炮 2 平 1
27. 车八进七　炮 5 退 2
28. 炮七进六　马 5 进 4
29. 车八退一　马 4 进 5
30. 仕四进五　马 5 进 3
31. 帅五平四　象 7 进 5
32. 车八平五　炮 5 平 3
33. 车五平三　马 3 退 4
34. 炮七退一　卒 9 进 1
35. 相三进五　士 4 进 5
36. 炮七平八　马 4 进 6
37. 车三平四　马 6 进 7
38. 帅四平五　马 7 退 5
39. 炮八进三　象 3 进 1
40. 车四平五　马 9 进 7
41. 车五进一　卒 9 进 1
42. 炮八退三　将 5 平 4
43. 车五退二　炮 3 退 3
44. 车五平九　炮 1 平 2
45. 车九平六　将 4 平 5

46. 炮八平五　　炮 3 平 5　　　　**47.** 炮五退二　　卒 9 平 8

48. 兵三进一　　炮 2 退 2　　　　**49.** 仕五进四（图 2）

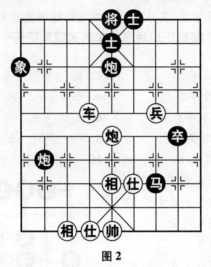

图 2

第 130 局　　叶新洲胜陈建国

（2003 年 4 月 16 日弈于兰州全国象棋团体赛）

顺炮正马进卒林车对巡河车正马

1. 炮二平五　　炮 8 平 5　　　　**2.** 车一进一　　马 8 进 7

3. 马二进三　　车 9 平 8

4. 车一平六　　车 8 进 4

5. 马八进七　　马 2 进 3

6. 车六进五　　炮 2 进 2

7. 兵七进一　　炮 2 平 7

8. 马三退五　　车 1 平 2

9. 车九平八　　车 8 进 4

10. 兵三进一　　炮 7 平 6

11. 炮八退一　　炮 6 进 4

12. 炮八平四　　车 8 平 6

13. 车八进九　　马 3 退 2

14. 马七进六　　炮 5 进 4（图 1）

15. 马六进五　　马 7 退 5

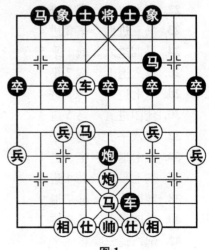

图 1

16. 车六退三 炮5退1	**17.** 兵七进一 车6退5
18. 前马进六 马2进1	**19.** 兵七平六 象7进5
20. 车六平五 炮5进2	**21.** 相三进五 车6退1
22. 兵九进一 卒7进1	**23.** 兵六进一 卒7进1
24. 相五进三 马1退3	**25.** 兵六平七 象5退7
26. 马五进六 象3进1	**27.** 后马进五 车6平5
28. 仕四进五 象1进3	**29.** 兵一进一 象7进9
30. 相七进五 马5退7	**31.** 兵七进一 马3进1?
32. 兵七平八! 士4进5	**33.** 兵八平九 车5平1
34. 车五平八 车1平5	**35.** 马五退七 车5平4
36. 马六退八 车4平3	
37. 车八进三 马7进6	
38. 马八进九 车3退2	
39. 车八平九 车3平2	
40. 马七进九 象9退7	
41. 后马进七 士5退4	
42. 兵九进一 士6进5	
43. 帅五平四 马6进4	
44. 车九进二 象7进5	
45. 马七进六 车2平3	
46. 车九退二 马4退6	
47. 马六退八 车3进2	
48. 车九平一 象5退7	
49. 兵九平八 （图2）	

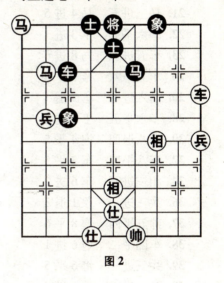

图2

第131局　陈国兴胜于幼华

（1995年11月4日弈于第7届亚洲象棋名手邀请赛）
顺炮正马进卒林车对巡河车正马

1. 炮二平五 炮8平5	**2.** 马二进三 马8进7
3. 车一进一 车9平8	**4.** 车一平六 马2进3
5. 马八进七 车8进4	**6.** 车六进五 象3进1
7. 炮八进二 卒3进1	**8.** 炮八平五 马3进4
9. 前炮进三 象7进5	**10.** 车九平八 炮2平3

11. 车八进七　车 1 平 3
12. 兵五进一　士 6 进 5
13. 兵五进一　马 4 进 3
14. 车六退三　车 8 平 5
15. 马七进五　车 5 平 8
16. 仕六进五　卒 5 进 1
17. 马五进三　车 8 平 6
18. 炮五进五　将 5 平 6（图 1）
19. 前马进五！马 7 退 8
20. 马五进七　马 3 退 4
21. 马三进五　马 4 进 5
22. 车六平五　卒 3 进 1
23. 车五进三　马 8 进 6
24. 车五平六　卒 3 平 4
26. 马六进五！车 5 退 1
28. 车六平五　士 6 退 5
30. 车八退四　炮 4 平 5
32. 车八平四　车 3 平 5
34. 相三进五　车 6 进 2
36. 兵三进一　象 1 退 3
37. 帅五平四　炮 8 平 6
38. 车四平二　炮 6 进 1
39. 兵三进一　将 6 平 5
40. 车二进五　马 6 进 5
41. 兵三进一　炮 6 退 3
42. 帅四平五　马 5 进 6
43. 兵三进一　马 6 进 4
44. 车二进一　马 4 进 3
45. 帅五平四　马 3 退 4
46. 兵三进一　卒 1 进 1
47. 仕五进六　马 4 退 5
48. 帅四平五　马 5 退 4
49. 相五进七（图 2）

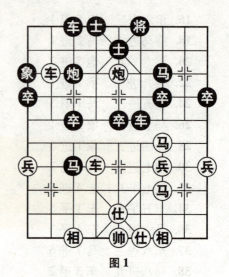

图 1

25. 马七退六　车 6 平 5
27. 炮五平四　士 5 进 6
29. 车五平四　炮 3 平 4
31. 仕五退六　车 3 进 4
33. 仕四进五　车 5 平 6
35. 车四退三　炮 5 平 8

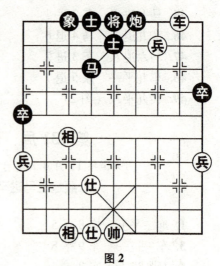

图 2

第 132 局　许银川胜蒋凤山

(2008 年 7 月 2 日弈于沧州全国象棋甲级联赛)
顺炮正马进卒林车对巡河车正马

1. 炮二平五　炮 8 平 5　　2. 车一进一　马 8 进 7
3. 马二进三　车 9 平 8　　4. 车一平六　车 8 进 4
5. 马八进七　马 2 进 3
6. 车六进五　炮 5 平 6（图 1）
7. 兵五进一　象 3 进 5
8. 马七进五　士 4 进 5
9. 车六平七　车 8 平 3
10. 炮八平七　车 3 退 1
11. 炮七进四　卒 7 进 1
12. 兵三进一　炮 2 进 3
13. 兵三进一　象 5 进 7
14. 车九平八　车 1 平 2
15. 兵七进一　象 7 退 5
16. 兵五进一　卒 5 进 1
17. 炮五进三　车 2 进 3
18. 相七进五　车 2 平 3　　19. 车八进四　车 3 平 5
20. 马五进三　马 7 进 6　　21. 车八退一　象 7 进 9
22. 后马退五　象 9 退 7　　23. 马五进七　马 6 退 8
24. 马七进六　车 5 平 4　　25. 马三进二　车 4 平 8
26. 兵七进一　车 8 平 4　　27. 车八进一　炮 6 进 3
28. 马六退八　车 4 平 5　　29. 车八平五　炮 6 退 2
30. 马八进六　车 5 平 4　　31. 车五平三　炮 6 平 7
32. 兵一进一　车 4 平 6　　33. 仕六进五　马 3 进 5
34. 马六退八　马 5 退 3　　35. 马八退六　车 6 平 5
36. 炮五退一　将 5 平 4　　37. 炮五平七　马 3 退 1
38. 兵七平六　将 4 平 5　　39. 兵六平五　车 5 平 2
40. 炮七退四　炮 7 平 8　　41. 车三平二　炮 8 平 3
42. 车二平六　炮 3 平 8　　43. 马六进七　车 2 平 7
44. 车六平二　马 1 进 2　　45. 马七退六　马 2 退 4

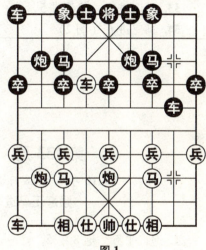

图 1

46. 兵五平六　马4进2
47. 炮七平六　马2退1
48. 马六进五　马1进2
49. 仕五进六　马2退3
50. 仕四进五　卒1进1
51. 车二进一！士5退4
52. 马五退四！象5进7
53. 马四进三　象7进5
54. 马三进五（图2）

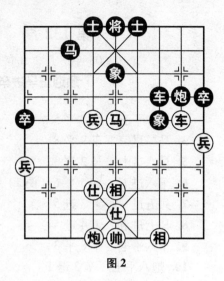

图2

第133局　陈富杰胜黎德志

（2010年6月18日弈于永嘉全国象棋甲级联赛）

顺炮正马进卒林车对巡河车正马

1. 炮二平五　炮8平5
2. 车一进一　马8进7
3. 马二进三　车9平8
4. 车一平六　马2进3
5. 马八进七　车8进4
6. 车六进五　炮2进2
7. 兵七进一　炮2平7
8. 马七进八　卒3进1
9. 兵七进一　炮7进3
10. 炮八平三　车8平3
11. 车九进二　车1平2
12. 车九平七　车2进4
13. 炮五退一　卒7进1
14. 炮五平七　马7进6（图1）
15. 炮七进四　马6退4
16. 炮七进四　士4进5
17. 车七进五　车2进1
18. 车七退一　车2退5
19. 兵三进一　卒5进1

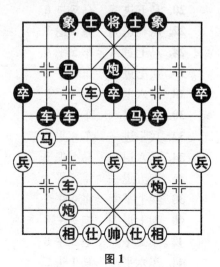

图1

20. 车七平六	车2平3	21. 兵三进一	象7进9
22. 兵三平四	炮5进4	23. 兵四平五	车3进4
24. 车六平一	车3平5	25. 车一进一	炮5平7
26. 仕四进五	车5进2	27. 车一退一	卒1进1
28. 车一平九	车5平1	29. 炮三平五	士5进6
30. 车九进三	将5进1	31. 车九平四	炮7进2
32. 车四退二	车1平9	33. 车四退二	车9平3
34. 车四平九	车3进3	35. 车九平五	将5平4
36. 炮五平六	车3退2	37. 车五平三	炮7平8
38. 帅五平四	将4平5	39. 车三平五	将5平4
40. 车五平二	炮8平9	41. 相三进一	炮9平7
42. 相一进三	炮7平9	43. 帅四进一	车3退5
44. 车二平六	将4平5		
45. 车六平五	将5平4		
46. 车五平六	将4平5		
47. 车六平五	将5平4		
48. 仕五退四	炮9退6		
49. 车五进四	车3平6		
50. 帅四平五	车6平3		
51. 车五退一	将4退1		
52. 帅五进一	车3平2		
53. 仕六进五	炮9平3		
54. 炮六退二	炮3进6		
55. 炮六进一!	炮3平5		
56. 仕四进五（图2）			

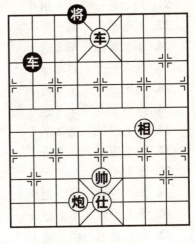

图2

第 134 局 邱东胜李少庚

（2004 年 11 月 7 日弈于璧山全国象棋个人赛）

顺炮正马进卒林车对巡河车正马

1. 炮二平五	炮8平5	2. 车一进一	马8进7
3. 马二进三	车9平8	4. 车一平六	车8进4
5. 马八进七	马2进3	6. 车六进五	炮2进2
7. 车六平七	车1进2	8. 兵七进一	炮2退3

9. 马七进六　炮2平3

10. 车七平八　马3进4（图1）

11. 车八退一　炮3平4

12. 炮五平七　炮5平3

13. 炮七平六　炮4进4

14. 炮六进三　炮3退1

15. 仕六进五　马7退5

16. 相七进五　马5进3

17. 车八进三　马3进4

18. 车八平七　车1平2

19. 炮八平六　象3进5

20. 兵三进一　士6进5

21. 兵七进一　马4退6

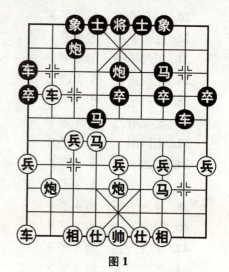

图1

22. 兵七平六　炮4平2

23. 兵六进一　炮2进2

24. 车七退四　车2进1

25. 车九进二　车8平2

26. 兵六平七　后车退3

27. 马三进四　卒5进1

28. 马四进五　卒5进1?

29. 炮六进四!　前车平5

30. 炮六平九　车2进6

31. 马五进七　卒5进1

32. 车七退二　炮2平5

33. 相三进五　车2进3

34. 相五退七　马6进7

35. 车九平八　车2退2

36. 车七平八　车5平3

37. 相七进五　马7退5

38. 车八进六　象5退3

39. 炮九进三　马5退4

40. 兵七平六　车3退2

41. 兵六进一　车3平4

42. 车八退五　卒5进1

43. 车八平七　车4平1

44. 炮九平八　车1平2

45. 炮八平九　卒7进1

46. 炮九退五　象7进5

47. 车七平五　车2进3

48. 炮九进五　车2退5

49. 炮九退五　车2进5

50. 炮九进五　车2退5

51. 炮九退四　车2进4

52. 炮九进一　车2进5

53. 仕五退六　车2退6

54. 炮九退一　车2进1

55. 炮九进一　卒9进1

56. 兵九进一　车2进1

57. 兵九进一　卒5平6（图2）

160

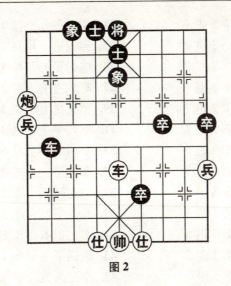

图2

第135局　汤卓光胜李来群

（1997年5月12日弈于上海全国象棋团体赛）
顺炮正马进卒林车对巡河车正马

1. 炮二平五　炮8平5	2. 马二进三　马8进7
3. 车一进一　车9平8	4. 车一平六　车8进4
5. 马八进七　马2进3	6. 车六进五　炮2进2
7. 兵七进一　炮2平7	
8. 马七进八　车8进2（图1）	
9. 兵三进一　炮7进3	
10. 炮八平三　车8平7	
11. 炮三平四　车7进3	
12. 车九平八　车1平2	
13. 车六进一　马3退1	
14. 车六进一　马1进3	
15. 车八进二　炮5进4	
16. 仕六进五　士6进5	
17. 车六退五　炮5退2	
18. 马八进七　车2进7	
19. 炮四平八　车7退4	

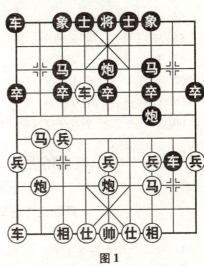

图1

20. 马七退五　卒5进1　　　21. 相七进九　象7进5

22. 炮五平七　马3进2?　　　23. 兵七进一！马7进5

24. 兵七平八　车7平2　　　25. 炮七平五　马5进7

26. 炮八平七　车2退1　　　27. 车六进五　车2进5

28. 炮七退二　车2退7　　　29. 相九进七　象3进1

30. 车六退二　卒5进1　　　31. 车六平三　马7进6

32. 炮五平四　车2进5　　　33. 车三平一　马6退7

34. 车一平九　象1退3　　　35. 车九平三　车2平3

36. 相七退五　车3退3　　　37. 炮七平六　车3平5

38. 相五退三　卒5进1　　　39. 车三平二　车5平1

40. 车二进三　士5退6　　　41. 车二退五　车1进3

42. 车二平三　车1退2　　　43. 炮四平三　车1平5

44. 炮三进三　车5平7　　　45. 车三平五　卒5平6

46. 相三进五　车7平4　　　47. 兵一进一　士6进5

48. 车五平二　卒6平7

49. 相五退三　士5退6

50. 炮六进二　士4进5

51. 车二平七　车4平3

52. 车七平六　车3进5

53. 仕五退六　车3退3

54. 车六平三　卒7平8

55. 兵一进一　车3平7

56. 车三平二　卒8平9

57. 炮六平九　车7平1

58. 炮九平五　车1平4

59. 仕六进五　卒9平8

60. 兵一平二　卒8平7（图2）

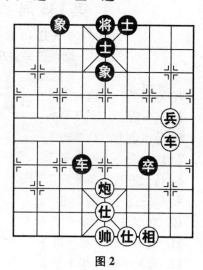

图2

第136局　陈富杰负卜凤波

（2007年12月18日弈于上海全国象棋甲级联赛）

顺炮正马进卒林车对巡河车正马

1. 炮二平五　炮8平5　　　2. 马二进三　马8进7

3. 车一进一　车9平8　　　4. 车一平六　车8进4

5. 马八进七　马 2 进 3

6. 车六进五　炮 2 进 2

7. 车六平七　车 1 进 2

8. 兵七进一　炮 2 退 3

9. 车七退一　卒 7 进 1

10. 炮八进四　炮 5 平 6（图 1）

11. 炮八平七　象 3 进 5

12. 车七平六　车 1 平 2

13. 兵七进一　车 8 进 2

14. 炮五平六　炮 2 平 8

15. 相七进五　炮 8 进 3

16. 车六退一　炮 8 平 3

17. 车九平八　车 2 进 7

18. 马七退八　车 8 平 7

19. 车六平四　士 4 进 5

20. 仕六进五　卒 9 进 1

21. 相三进一　马 7 进 8

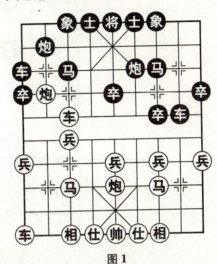

图 1

22. 炮七平六　炮 3 平 4

23. 车四平七　马 8 进 9

24. 马三进一　车 7 平 9

25. 后炮平七　马 3 退 2

26. 马八进六　车 9 退 1

27. 车七进二　卒 1 进 1

28. 马六进七　炮 4 进 2

29. 车七平八　马 2 进 1

30. 炮六进二　车 9 平 4

31. 炮六平九　车 4 退 5

32. 车八平五　炮 4 平 1

33. 马七进五　马 1 进 2

34. 车五平八　车 4 进 4

35. 炮七平九　炮 1 退 5

36. 炮九进六　将 5 平 4

37. 相一退三　车 4 平 5

38. 炮九平七　炮 6 进 4

39. 车八进三　将 4 进 1

40. 马五退三　卒 7 进 1

41. 马三退四　车 5 平 3

42. 炮七平九　卒 7 平 6

43. 马四进二　车 3 平 8

44. 车八退三　炮 6 平 9

45. 马二退四　车 8 平 4

46. 车八平四　马 2 进 4

47. 车四退二　马 4 进 5

48. 仕五进六　马 5 进 7

49. 车四平三　车 4 平 7

50. 车三平六　士 5 进 4

51. 车六平四　炮 9 平 7！

52. 相三进一　马 7 退 9

53. 马四进二　炮 7 进 3！

54. 马二退三　车 7 进 5

55. 车四退二　马 9 进 7

56. 帅五平六　马 7 退 8

57. 车四进七　车 7 退 3

58. 车四退一　将 4 退 1

59. 车四退三　车 7 平 5

60. 车四平九　车5平4　　　　　**61.** 仕四进五　卒9进1（图2）

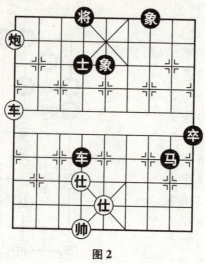

图2

第137局　洪智胜苗利明

（2005年8月19日弈于亚洲象棋个人赛中国选拔赛）

顺炮正马进卒林车对巡河车正马

1. 炮二平五　炮8平5　　　　　**2.** 马二进三　马8进7

3. 车一进一　车9平8　　　　　**4.** 车一平六　车8进4

5. 马八进七　马2进3

6. 车六进五　车1进2

7. 炮八进二　炮2进2

8. 炮八平三　炮2平7

9. 车九平八　炮7进2

10. 相三进一　卒3进1（图1）

11. 仕六进五　车8平4

12. 车六平七　马3退5

13. 兵七进一　车1平3

14. 车八进六　卒3进1

15. 车七进一　马5进3

16. 车八平七　卒3进1

17. 车七进一　卒3进1

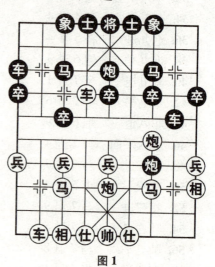

图1

18. 车七退五　卒7进1
19. 炮三进三　炮7退4
20. 炮五进四　士6进5
21. 马三进二　车4退1
22. 炮五退二　车4平8
23. 马二进四　车8平6
24. 车七进三　炮7平8
25. 马四退六　象7进9
26. 马六退七　将5平6
27. 相七进五　炮8进7
28. 相五退三　炮5平7
29. 炮五平七　象3进1
30. 车七进二　士5进6
31. 车七进一　士6退5
32. 车七退一　士5进6
33. 车七进一　士6退5
34. 车七退一　士5进6
35. 车七进一　炮8退1
36. 相三进五　炮8进1
37. 相五退三　士6退5
38. 车七退一　士5进6
39. 车七进一　士6退5
40. 车七退一　炮7平6
41. 马七进六　炮6进7
42. 车七平二　炮8平9
43. 车二进二　将6进1
44. 炮七退二　炮6退5
45. 相三进五　炮6平4
46. 仕五进四　象1进3
47. 车二退五　炮9退3
48. 仕四退五　象9退7
49. 相五进七！炮4平5
50. 车二平五　炮9退2
51. 炮七平四　士5进6
52. 马六进七　炮5退2
53. 马七进五！象3退5
54. 车五进三　士4进5
55. 车五退一　车6进3
56. 车五平一　炮9平8
57. 车一平二　炮8平9
58. 车二进三　象7进9
59. 车二退三　车6退1
60. 车二平一　炮9平8
61. 车一进一　卒7进1
62. 车一退二　炮8进2
63. 车一退一　车6进1
64. 兵五进一　炮8平1
65. 车一平三　士5进4
66. 车三进二　卒1进1
67. 兵五进一　炮1平5
68. 帅五平六　将6平5
69. 车三进二　将5退1
70. 车三进一　将5进1
71. 车三平六（图2）

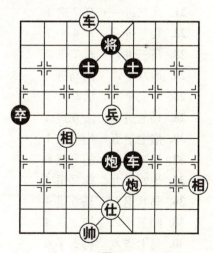

图2

第138局 孟辰胜戚红波

(2012年1月1日弈于西安迎新春中国象棋公开赛)

顺炮正马进卒林车对巡河车正马

1. 炮二平五	炮8平5	2. 马二进三	马8进7
3. 车一进一	车9平8	4. 车一平六	车8进4
5. 马八进七	马2进3	6. 车六进五	炮2进2
7. 车六平七	车1进2	8. 兵七进一	炮2退3
9. 马七进六	炮2平3	10. 车七平八	马3进4

11. 车八进二　车1平3

12. 炮五平七　车3进3（图1）

13. 相七进五　车3退3

14. 炮七进六　炮5退1

15. 马六进八　炮5平2

16. 马八进七　马4退3

17. 车九平七　马3退5

18. 车七进六　象7进5

19. 仕六进五　马5退7

20. 兵五进一　车8平4

21. 兵三进一　卒7进1

22. 兵三进一　车4平7

23. 马三进五　车7平2

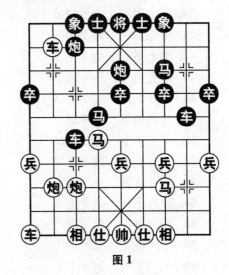

图1

24. 炮八平六	前马进6	25. 马五进七	马7进6
26. 车七平五	后马进7	27. 车五平八	车2退1
28. 马七进八	士6进5	29. 兵五进一	马6进5
30. 炮七退五	炮2进1	31. 炮六进一	马5进7
32. 兵五平四	前马退6	33. 炮六进三	马7进6
34. 炮六平九	前马退4	35. 兵四平五	卒9进1
36. 马八退七	马6进4	37. 仕五进六	前马进6
38. 帅五平六	炮2进4	39. 仕六退五	马6退8
40. 马七进六	将5平6	41. 炮九退二	炮2退5
42. 炮九平七	马8退7	43. 后炮退二	马7进6
44. 兵五平六	炮2进5	45. 前炮退一	马6退7

46. 仕五进四　炮2平9	47. 后炮平四　炮9平6
48. 仕四退五　炮6平4	49. 马六退四　马7进6
50. 炮七平四　马4进6	51. 帅六平五　将6平5
52. 马四进二　马6进7	53. 马二进三　将5平6
54. 帅五平六　炮4平7	55. 炮四进三　象5进7?
56. 马三退四　将6平5	57. 兵六平五!　马7退6
58. 兵五平四　士5进6	59. 兵四平三　士4进5
60. 兵九进一　卒9进1	61. 兵三进一　卒9平8
62. 炮四平八　马6退7	
63. 相五进三　马7退5	
64. 兵三平二　马5进4	
65. 炮八进五　象3进5	
66. 马四退六　卒8平7	
67. 马六进五　炮7平4	
68. 马五进七　将5平4	
69. 炮八退八　马4进2	
70. 马七退八　炮4退5	
71. 马八退七　卒7平6	
72. 马七退八　马2退4	
73. 帅六平五　士5进4	
74. 马八进七　炮4平5	
75. 仕五进六　卒6进1（图2）	

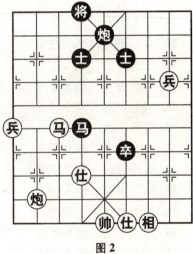

图2

第139局　黄海林胜李少庚

（2007年12月19日弈于上海全国象棋甲级联赛）
顺炮正马进卒林车对巡河车正马

1. 炮二平五　炮8平5	2. 马二进三　马8进7
3. 车一进一　车9平8	4. 车一平六　车8进4
5. 马八进七　马2进3	6. 车六进五　炮2进2
7. 车六平七　车1进2	8. 兵七进一　炮2退3
9. 马七进六　炮2平3	10. 车七平八　马3进4
11. 车八平六　车1平2	12. 炮八平六　车2进2（图1）
13. 马六进四　马4进6	14. 马四进三　车2平4

15. 车六退一　车8平4
16. 兵三进一　马6进5
17. 相七进五　车4进3
18. 前马退五　炮3平5
19. 仕六进五　前炮进4
20. 车九平六　车4进2
21. 帅五平六　前炮平7
22. 马五进七　卒1进1
23. 兵七进一　炮5平8
24. 兵七平八　象7进5
25. 兵八平九　卒7进1
26. 兵三进一　象5进7
27. 后兵进一　炮8平9
28. 马七退五　象3进5

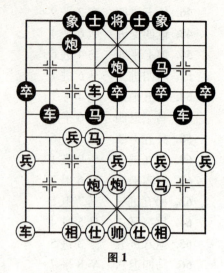

图 1

29. 马五退四　炮7平2
30. 前兵平八　士6进5
31. 兵九进一　炮2进1
32. 相五进七　炮9平7
33. 马四进三　炮2退1
34. 后马进四　炮7平9
35. 马四进二　炮2平4
36. 马三退五　炮4平8
37. 马五退四　卒9进1
38. 相七退五　士5进6
39. 兵八进一　士4进5
40. 兵八平七　炮9平6
41. 马四进五　炮6平9
42. 兵七平六　将5平4
43. 兵九平八　炮8退1
44. 马五退四　炮8平6
45. 兵八平七　炮9退1
46. 兵七平六　炮6退1
47. 马二退三　炮6进1
48. 马三退二　象7退9
49. 前兵平五　象5进7
50. 马二进三　炮6平5
51. 马四进三　象9进7
52. 马三进五　炮9进6
53. 马五进三　炮9平1
54. 兵五进一　炮1退4
55. 兵五平四　士5进6
56. 马三进四　卒9进1
57. 兵六进一　卒9进1
58. 马四退三　将4进1
59. 仕五进四　炮1退2
60. 马三进五　将4平5
61. 马五进三　将5平6
62. 兵六平五　卒9平8
63. 帅六平五　炮1平5
64. 相五进七　炮6平5
65. 兵五平四　炮5平6
66. 马三进二　炮6平7
67. 马二退一　卒8平7
68. 马一退三　炮7进2
69. 马三退一　炮7平5

· 168 ·

70. 马一进二　将6退1

71. 马二退三　炮5退1

72. 马三进一　卒7平6

73. 马一进三！炮5平7

74. 兵四进一　卒6平5

75. 相三进一　卒5平4

76. 仕四退五　卒4平5

77. 仕五进六　卒5平4

78. 帅五进一　卒4平5

79. 相七退九　卒5平6

80. 帅五平四！（图2）

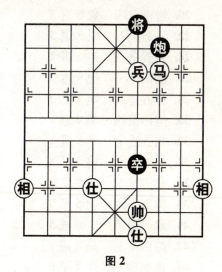

图2

第140局　陈信安负卜凤波

（2003年12月3日弈于沈阳全国象棋甲级联赛）

顺炮正马进卒林车对巡河车正马

1. 炮二平五　炮8平5　　　**2.** 车一进一　马8进7

3. 马二进三　车9平8　　　**4.** 车一平六　车8进4

5. 马八进七　马2进3　　　**6.** 车六进五　炮2进2

7. 兵七进一　炮2平7

8. 马七进八　卒3进1

9. 兵七进一　炮7进3

10. 炮八平三　车8平3

11. 车九进二　车1平2

12. 车九平七　车2进4

13. 炮五退一　卒7进1

14. 车七进三？车2平3（图1）

15. 车六平七　车3退1

16. 马八进七　马7进6！

17. 相七进五　炮5平9

18. 炮三进三　象3进5

19. 炮三退一　炮9进4

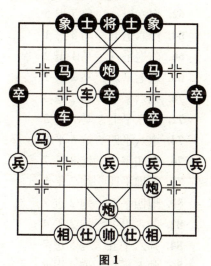

图1

20. 炮三平四　象5进3　　21. 兵五进一　马6退5
22. 马七进五　象3退5　　23. 兵九进一　士4进5
24. 兵五进一　卒5进1　　25. 炮五进四　马3进5
26. 炮四进一　炮9退1　　27. 仕六进五　将5平4
28. 仕五进六　炮9平2　　29. 兵三进一　炮2退4
30. 炮四退四　卒9进1　　31. 炮四平九　马5进3
32. 相五进七　卒9进1　　33. 兵九进一　卒1进1
34. 炮九平六　将4平5　　35. 炮五平九　炮2进5
36. 相三进五　卒9平8　　37. 炮九平八　炮2平5
38. 帅五平六　炮5平9　　39. 仕四进五　士5进4
40. 炮八退二　士6进5　　41. 炮八进一　卒8进1
42. 炮六平七　马3进1　　43. 炮七平八　卒8平7
44. 前炮进一　卒7平6　　45. 后炮进三　炮9退1
46. 前炮平五　将5平6　　47. 炮五退一　炮9退1
48. 炮八进一　炮9平4　　49. 帅六平五　马1进2
50. 炮五进一　卒6平5　　51. 炮五平四　炮4进2
52. 炮八退二　卒5进1　　53. 炮四退五　将6平5
54. 炮四平一　将5平6　　55. 炮一平二　卒5进1
56. 仕六退五　炮4平5　　57. 帅五平六　炮5退3
58. 炮二进二　马2退4　　59. 炮二平六　马4退5
60. 炮八平七　马5进3　　61. 兵三进一　象5进7
62. 炮六退一　象7退5　　63. 仕五进六　将6平5
64. 仕六退五　马3进1　　65. 炮六平七　士5进6
66. 前炮平八　马1退2　　67. 炮八平六　士4退5
68. 炮七平六　马2进1　　69. 前炮平八　马1进2
70. 炮六平七　马2退3　　71. 炮七平六　象5进3
72. 炮六平七　马3进5　　73. 炮七平六　炮5进5
74. 炮八平四　炮5平8　　75. 炮六平五　象7进5
76. 炮四平二　炮8平7　　77. 炮二平五　炮7退5
78. 前炮平四　炮7平5　　79. 帅六进一　炮5平2
80. 炮四平五　炮2进2　　81. 帅六进一　马5退7
82. 帅六退一　炮2平4　　83. 帅六退一　马7进5
84. 帅六平五　马5进7　　85. 后炮平四　将5平4
86. 帅五平六　炮4退4　　87. 炮五退一　士5进4

88. 帅六平五　马7退8　　　　**89.** 炮五退一　象5进7（图2）

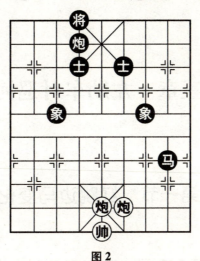

图 2

第三章　左肋车对巡河车

第一节　红跳边马变化

第 141 局　李克定负刘立山

（2009 年 6 月 27 日弈于凤岗镇季度象棋公开赛）
顺炮左肋车边马对巡河车

1. 炮二平五　炮 8 平 5	2. 马二进三　马 8 进 7
3. 车一进一　车 9 平 8	4. 车一平六　车 8 进 4
5. 马八进九　马 2 进 3	6. 车六进五　炮 2 进 4（图 1）
7. 仕六进五　卒 3 进 1	8. 车六平七　车 1 进 2

9. 兵九进一　士 6 进 5
10. 马九进八　卒 3 进 1
11. 车七退二　马 3 进 4
12. 车七进一　马 4 进 6
13. 车七平二　马 6 退 8
14. 炮八平七　士 5 退 6
15. 车九平八　炮 5 平 2
16. 相七进九　象 3 进 5
17. 兵三进一　后炮退 1
18. 车八平六　车 1 平 2
19. 马八进九　后炮平 7
20. 车六进四　卒 7 进 1
21. 兵三进一　炮 7 进 3

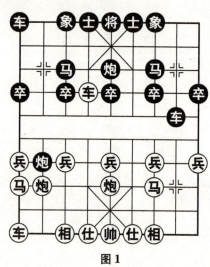

图 1

22. 相三进一　炮 2 进 1
23. 炮五平八? 车 2 进 5
24. 马九退八　马 8 进 7
25. 相一进三　炮 7 平 8!
26. 帅五平六　士 6 进 5
27. 兵五进一　后马进 6
28. 兵五进一　炮 8 进 1
29. 车六退二　卒 5 进 1
30. 马八进六　马 7 退 5（图 2）

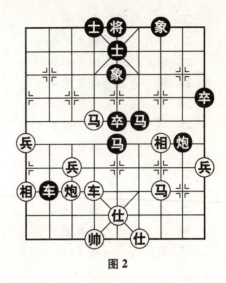

图 2

第 142 局　　俞云涛胜王继荣

（1998 年 12 月 15 日弈于深圳全国象棋个人赛）

顺炮左肋车边马对巡河车

1. 炮二平五　炮 8 平 5
2. 马二进三　马 8 进 7
3. 车一进一　车 9 平 8
4. 车一平六　车 8 进 4
5. 马八进九　士 6 进 5
6. 车六进七　马 2 进 1（图 1）
7. 车六平八　炮 2 平 3
8. 兵九进一　卒 1 进 1
9. 马九进八　卒 1 进 1
10. 车九进四　炮 5 平 4
11. 兵三进一　车 8 平 6
12. 仕六进五　象 7 进 5
13. 炮八退一　卒 7 进 1
14. 炮五平九!　卒 7 进 1
15. 马八进七　卒 7 进 1
16. 马三退二　象 5 进 3
17. 马七进九　将 5 平 6
18. 车八进一!　车 1 进 1
19. 车八平七　炮 3 进 4

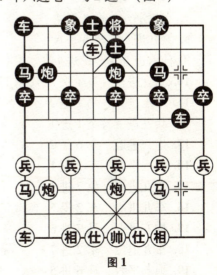

图 1

20. 车七退四！车6平3
21. 车九平四　炮4平6
22. 炮九进六　炮3平2
23. 相七进五　炮2退4
24. 兵一进一　士5进4
25. 马二进一　马7进6
26. 车四平三　炮6平5
27. 兵五进一　卒7平6
28. 马一进二　马6退4
29. 车三进五　将6进1
30. 车三退一　将6退1
31. 炮九进一（图2）

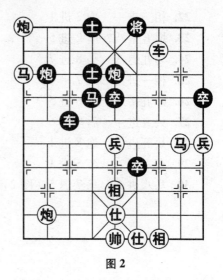

图2

第143局　赵国荣负林宏敏

（1974年6月18日弈于其他赛事）

顺炮左肋车边马对巡河车

1. 炮二平五　炮8平5　　　2. 车一进一　马8进7
3. 车一平六　车9平8　　　4. 马二进三　车8进4
5. 马八进九　士6进5　　　6. 车六进七　马2进1
7. 车六平八　炮2平4
8. 兵九进一　车8平6
9. 仕六进五　卒7进1
10. 马九进八？车1平2！（图1）
11. 车八进一　马1退2
12. 兵九进一　卒1进1
13. 炮八进七　车6平2
14. 炮八平九　车2平1
15. 车九进五　象7进9
16. 车九进一　车2退5
17. 炮五平七　马7进6
18. 车九退二　车2进7
19. 炮七平六　马6进5

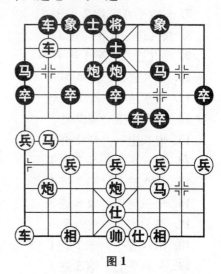

图1

20. 相三进五　马5进7	21. 炮六平三　车2进2
22. 车九平七　炮5进5	23. 仕五进六　车2平3
24. 帅五进一　车3退1	
25. 帅五进一　炮4平5	
26. 帅五平四　车3平7	
27. 炮三平一　车7退2	
28. 帅四退一　车7进2	
29. 帅四进一　车7退1	
30. 帅四退一　车7平9	
31. 仕四进五　车9退1	
32. 帅四退一　车9进3	
33. 帅四进一　车9平1	
34. 炮九平八　车1平2	
35. 炮八平九　车2退5	
36. 帅四退一　卒3进1（图2）	

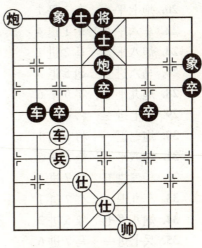

图 2

第 144 局　单欣胜王定

（2003 年 4 月 18 日弈于兰州全国象棋团体赛）

顺炮左肋车边马对巡河车

1. 炮二平五　炮8平5	2. 车一进一　马8进7
3. 车一平六　车9平8	
4. 马二进三　车8进4	
5. 马八进九　炮2进4	
6. 车六进七　马2进3（图1）	
7. 仕六进五　士6进5	
8. 炮五平七　炮2平5	
9. 马三进五　炮5进4	
10. 相七进五　车8平2	
11. 车九平八　卒5进1	
12. 车六退四　卒1进1	
13. 炮七进四　象3进5	
14. 炮八平七　车1平2	
15. 车八进五　车2进4	

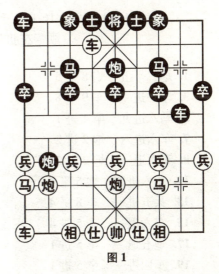

图 1

16. 兵九进一 车2进3	17. 马九进八 车2进2
18. 后炮退二 象5进3	19. 后炮平六 炮5退1
20. 炮七平八 车2平1	21. 马八进六 马3退2
22. 车六平八 车1退4	23. 车八进一 象3退5
24. 炮八平九 马2进1	25. 车八进二 车1平4
26. 马六进五 炮5退3?	27. 车八平九 车4退3
28. 炮九平七！将5平6	
29. 炮七进三 将6进1	
30. 炮七退一 将6退1	
31. 炮六平八！炮5进5	
32. 相三进五 象7进5	
33. 车九退一 卒7进1	
34. 炮八平七 象5进3	
35. 兵七进一 马7进6	
36. 车九平四 车4平6	
37. 车四平一 士5进4	
38. 车一进三 将6进1	
39. 车一退一 将6退1	

40. 后炮平八（图2）

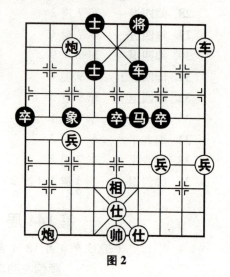

图 2

第 145 局　金海英负伍霞

（1999 年 5 月 16 日弈于第 10 届银荔杯象棋争霸赛）

顺炮左肋车边马对巡河车

1. 炮二平五 炮8平5	2. 马二进三 马8进7
3. 车一进一 车9平8	4. 车一平六 车8进4
5. 马八进九 卒1进1	6. 兵三进一 马2进1（图1）
7. 车六进六 炮2进2	8. 炮八平六 士6进5
9. 车六退三 炮2退2	10. 车九进一 马1进2
11. 车六进四 炮5平4	12. 车九平四 象7进5
13. 兵五进一 车8平4	14. 炮六进五 车4退2
15. 车六退一 士5进4	16. 兵五进一 马2进4
17. 炮五退一 卒5进1	18. 马三进五 士4退5
19. 车四进三 卒5进1	20. 车四平五 马7进5

176

21. 马五退三 炮2进1
22. 马九退七? 车1进2!
23. 马七进五 车1平4
24. 马五进六 车4进3
25. 车五平六 马5进4
26. 马三进五 炮2进3
27. 马五进六 炮2平9
28. 炮五平七 卒3进1
29. 马六退四 炮9平5
30. 帅五进一 马4进6
31. 帅五平六 炮5平1
32. 仕六进五 炮1退1
33. 马四进三 炮1平4
34. 帅六退一 马6进4

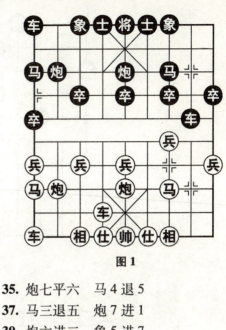

图1

35. 炮七平六 马4退5
36. 帅六平五 炮4平7
37. 马三退五 炮7进1
38. 马五退三 马5进3
39. 炮六进二 象5进7
40. 炮六平五 象3进5
41. 马三进五 马3退5
42. 相七进五 卒1进1
43. 炮五平四 卒1平2
44. 炮四进三 炮7平5
45. 炮四平五 炮5退2
46. 炮五退二 卒9进1
47. 帅五平六 卒9进1
48. 相五进三 卒9进1
49. 相三退五 卒9平8
50. 炮五平二 炮5平4
51. 相五进三 卒2进1
52. 帅六平五 士5进6
53. 相三进五 卒2平3
54. 炮二平一 前卒平4
55. 炮一平二 炮4退3
56. 炮二平一 炮4平7
57. 帅五平六 士4进5
58. 帅六平五 士5退4
59. 帅五平六 卒8进1
60. 帅六平五 卒8平7
61. 帅五平六 卒7进1
62. 帅六平五 卒7平6
63. 仕五进四 象5退3
64. 仕四进五 卒4平5
65. 炮一进二 炮7进2
66. 炮一退一 象3进1
67. 炮一进三 士4进5
68. 炮一退四 将5平4
69. 炮一平二 卒5平6
70. 相三退一 炮7平5 (图2)

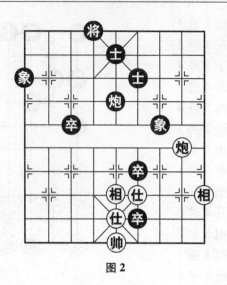

图 2

第二节　红车探下二线变化

第 146 局　复禄陈负张立生

（2004 年 8 月 26 日弈于无锡的江苏省运动会象棋比赛）
顺炮左肋车探下二线对巡河车

1. 炮二平五　　炮 8 平 5
2. 车一进一　　马 8 进 7
3. 马二进三　　车 9 平 8
4. 车一平六　　车 8 进 4
5. 车六进七　　马 2 进 3
6. 车六平七　　炮 2 进 2（图 1）
7. 马八进九　　马 7 退 5
8. 兵七进一　　车 1 进 1
9. 车七平九　　马 3 退 1
10. 炮五进四　　炮 2 平 5
11. 炮八平五　　马 1 进 3
12. 前炮平一　　前炮进 3

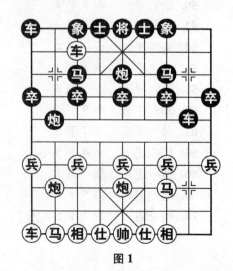

图 1

13. 相三进五　车8进2
14. 仕四进五　车8平7
15. 马三退四　马5进7
16. 炮一平七　马3进5
17. 车九平八　炮5进4
18. 车八进三　马5进6
19. 炮七平六　马7进5
20. 马九退七　士6进5
21. 炮六退四　马5进7
22. 马四进二?　车7进3!
23. 马二退四　马7进8!（图2）

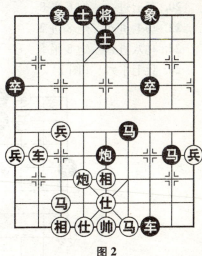

图2

第147局　高海军胜李宁

（2005年11月6日弈于太原全国象棋个人赛）

顺炮左肋车探下二线对巡河车

1. 炮二平五　炮8平5
2. 车一进一　马8进7
3. 车一平六　车9平8
4. 马二进三　车8进4
5. 车六进七　马2进3
6. 车六平七　炮2进2
7. 炮八平七　马7退5
8. 车九进一　车1平2（图1）
9. 马八进九　炮2进4
10. 兵七进一　车8平4
11. 炮七进四　炮5平6
12. 马九进七　炮2进1
13. 车九平八　车4进5
14. 帅五进一　车2进8
15. 马七退八　车4退6
16. 兵七进一　象3进5
17. 炮七平五!　马3进5
18. 兵七进一　车4进1
19. 炮五进四　炮6退1

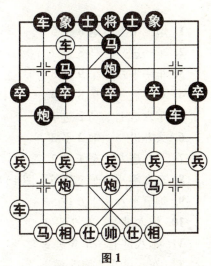

图1

179

20. 车七进一　炮 6 平 8　　　21. 马八进七　车 4 进 3

22. 马七进八　炮 8 进 2　　　23. 炮五退二　卒 7 进 1

24. 马八进六　炮 8 平 5　　　25. 马六进七　车 4 退 6

26. 兵七平六！（图 2）

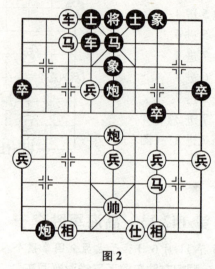

图 2

第 148 局　陈富贵负孟立国

（1965 年 11 月 9 日弈于银川全国象棋个人赛）

顺炮左肋车探下二线对巡河车

1. 炮二平五　炮 8 平 5

2. 车一进一　马 8 进 7

3. 车一平六　车 9 平 8

4. 马二进三　车 8 进 4

5. 车六进七　马 2 进 1

6. 兵九进一　炮 2 平 3

7. 马八进九　车 1 平 2

8. 车九平八　车 2 进 6 （图 1）

9. 炮五平六　士 6 进 5

10. 炮六进一　车 2 平 3

11. 炮八进七　车 3 进 3

12. 车八进八　炮 5 平 4

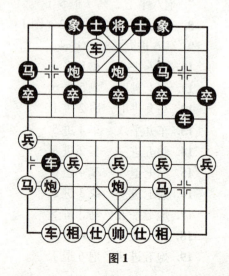

图 1

13. 炮六平八　将5平6

14. 前炮平九　车8平4

15. 仕四进五　车3退2

16. 马九进八　车4平6

17. 马三退四　车6进4

18. 炮八退二　车3进1

19. 马八退九　车3平4

20. 炮九平六　车4平2

21. 车八退七　炮4平5

22. 车六退七　将6平5

23. 仕五进四　车6退1

24. 炮六退一　炮5进4

25. 炮六平九　马1退3

26. 马九进八　炮3平6

27. 马八进六　炮5退2

28. 马六进八？将5平6！

29. 马八退七　炮6平5！

30. 马四进三　前炮平8

31. 相三进五　车6平5

32. 仕六进五　车5平7（图2）

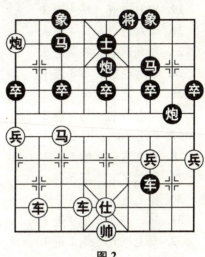

图2

第149局　段金星负蒋川

（2010年2月3日弈于1对15盲棋表演赛）

顺炮左肋车探下二线对巡河车

1. 炮二平五　炮8平5

2. 马二进三　马8进7

3. 车一进一　车9平8

4. 车一平六　车8进4

5. 车六进七　马2进3

6. 车六平七　炮2进2

7. 兵七进一　马7退5

8. 炮八平七　车1进1（图1）

9. 车七平九　马3退1

10. 马八进九　马1进3

11. 车九平八　炮2平7

12. 车八进八　卒3进1！

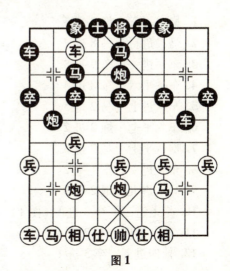

图1

13.	车八平六	炮7进3	14.	炮七平三　卒3进1
15.	仕六进五	炮5进4	16.	车六退五　马3进4
17.	帅五平六	马5进3	18.	炮五平七　炮5退1
19.	炮七进五	马4退3	20.	炮三平七　车8平4!
21.	车六进二	马3进4	22.	炮七进七　士4进5
23.	马九退七	象7进5		
24.	炮七退三	卒3进1		
25.	马七进五	卒3平4		
26.	马五退七	马4进2		
27.	炮七退二	马2进3		
28.	兵九进一	炮5平1		
29.	帅六平五	卒5进1		
30.	相七进五	卒5进1		
31.	兵三进一	卒9进1		
32.	马七进九	炮1进1		
33.	兵三进一	卒7进1		
34.	兵一进一	卒5平4 (图2)		

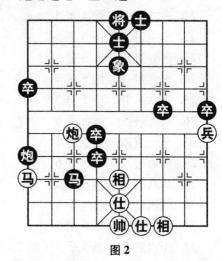

图 2

第 150 局　臧如意和孙永生

(1975 年 6 月 19 日弈于上海其他赛事)

顺炮左肋车探下二线对巡河车

1.	炮二平五	炮8平5
2.	马二进三	马8进7
3.	车一进一	车9平8
4.	车一平六	车8进4
5.	车六进七	马2进3
6.	车六平七	炮2进2
7.	炮八平七	马7退5
8.	车九进一	车1平2
9.	马八进九	炮2平3
10.	炮七进三	卒3进1 (图1)
11.	车九平四	车2进4
12.	仕四进五	卒3进1

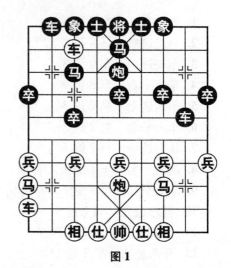

图 1

13. 兵七进一　车2平6
14. 车四进四　车8平6
15. 马九进七　象3进1
16. 马七进五　卒5进1
17. 马五退七　马3进4
18. 马七退六　马5进3
19. 兵七进一　象1进3
20. 炮五平八　士4进5
21. 车七进一　士5退4
22. 马六进七!　象3退1
23. 车七退一　士4进5
24. 炮八进七　士5进4
25. 马七进六　马3进4
26. 车七进一　将5进1
27. 车七退三　将5退1
28. 炮八退四　车6进2!
29. 炮八平五　炮5进4
30. 马三进五　车6平5
31. 炮五平四　车5平7
32. 相七进五　马4进6
33. 车七平九　马6进4
34. 车九平五　士6进5
35. 炮四退三（图2）

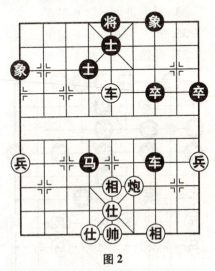

图2

第 151 局　李义庭胜臧如意

（1965 年 11 月 7 日弈于银川全国象棋个人赛）

顺炮左肋车探下二线对巡河车

1. 炮二平五　炮8平5
2. 车一进一　马8进7
3. 车一平六　车9平8
4. 马二进三　车8进4
5. 车六进七　马2进3
6. 车六平七　炮2进2
7. 炮八平七　马7退5
8. 车九进一　车8平6
9. 兵七进一　车1平2
10. 车九平六　炮2平5
11. 马八进九　车6进1
12. 车六进二　象3进1（图1）
13. 兵七进一　象1进3
14. 马九进七　车6平2
15. 车七平六　前车进1
16. 兵三进一　前炮平6
17. 马三进四　马5进7
18. 前车平四　炮6平5
19. 马四进六　马3退5
20. 炮五进三　炮5进2
21. 仕四进五　后车进5
22. 相三进五　马5退3

23. 兵五进一！后车平5	**24.** 车四平六！士6进5
25. 马六进七　将5平6	**26.** 前车进一　士5退4
27. 车六进六　将6进1	**28.** 后马进五　车2平5
29. 车六平三　车5退1	**30.** 车三退一　将6退1
31. 车三退一　车5平6	**32.** 车三进二　将6进1
33. 马七进六　将6平5	**34.** 车三退三　将5平4
35. 车三平五　车6退1	**36.** 马六退四　马3进4
37. 马四退三　马4进6	**38.** 炮七进四（图2）

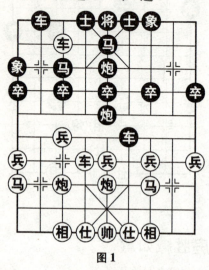

图1

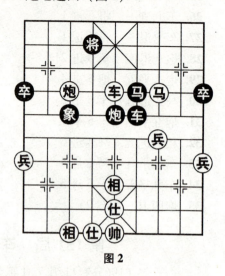

图2

第152局　余四海胜李少庚

（2005年7月23日弈于全国象棋一级棋士赛）

顺炮左肋车探下二线对巡河车

1. 炮二平五　炮8平5	**2.** 马二进三　马8进7
3. 车一进一　车9平8	**4.** 车一平六　车8进4
5. 车六进七　马2进3	**6.** 车六平七　炮2进2
7. 炮八平七　马7退5	**8.** 车九进一　车1进1
9. 车七平九　马3退1	**10.** 车九平六　马5进3
11. 兵三进一　士6进5	**12.** 兵七进一　车8平6
13. 炮七进四　卒7进1	**14.** 车六进三　炮2进1（图1）
15. 车六进四　象3进1	**16.** 马八进七　炮2平7

17. 马三进二　车 6 进 1

18. 兵七进一　炮 7 进 1

19. 马二进一　卒 7 进 1

20. 炮五平二　象 1 进 3

21. 车六退三　炮 5 平 8

22. 车六平七　象 7 进 5

23. 车七平二　炮 8 进 5

24. 车二退三　车 6 平 3

25. 炮七平六　马 3 进 4

26. 马七进六　车 3 进 4

27. 马六进四　象 5 退 7

28. 车二进七　士 5 退 6

29. 马四退三　卒 7 进 1

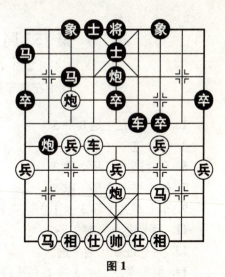

图 1

30. 车二平三　士 4 进 5

31. 车三退六　车 3 退 6

32. 炮六进二　马 1 进 2

33. 兵五进一　车 3 退 2

34. 炮六退二　马 2 进 3

35. 车三平六　马 4 进 2

36. 炮六退一　卒 5 进 1

37. 车六平七　马 2 进 1

38. 车七退一　马 1 进 2

39. 车七平五　车 3 进 2

40. 马一退三　卒 5 进 1

41. 马三退五　车 3 平 5

42. 炮六平三　士 5 退 4

43. 马五进四　车 5 进 4

44. 相三进五　马 3 进 1

45. 仕四进五　士 6 进 5

46. 马四进三　将 5 平 6

47. 炮三退四　马 2 退 3

48. 炮三平四　马 3 退 4

49. 相五退七　马 1 退 3

50. 马三退二　将 6 平 5?

51. 相七进九!　马 3 退 4

52. 仕五进四!　前马退 6

53. 马二退四　马 4 进 6

54. 炮四进四　卒 1 进 1（图 2）

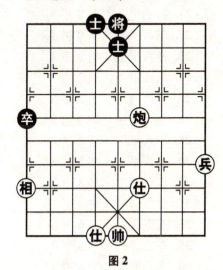

图 2

第153局 于舟负韩冰

（2006年4月2日弈于济南全国象棋团体赛）

顺炮左肋车探下二线对巡河车

1. 炮二平五　炮8平5　　2. 马二进三　马8进7
3. 车一进一　车9平8　　4. 车一平六　车8进4
5. 车六进七　马2进3　　6. 车六平七　炮2进2
7. 炮八平七　马7退5　　8. 车九进一　车1进1
9. 车七平九　马3退1　　10. 车九平六　马1进3
11. 兵七进一　炮2平7　　12. 车六进六　炮5平9
13. 兵三进一　炮7进3
14. 炮七平三　卒3进1（图1）
15. 车六退三　象7进5
16. 马八进七　马5退7
17. 炮三进四　马7进8
18. 炮五平一　士6进5
19. 相七进五　炮9进4
20. 炮三进一　马3进2
21. 兵七进一　车8平3
22. 车六平八　卒9进1
23. 仕六进五　炮9退1
24. 车八退一　马2进3
25. 车八进三　车3平5

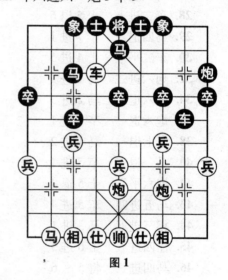

图1

26. 炮一进一　马3退4　　27. 车八退三　车5平6
28. 车八平六　马4进6　　29. 兵五进一？车6退2！
30. 炮一平三　卒5进1！　31. 车六进三　卒5进1
32. 车六平二　马8退7　　33. 车二退一　炮9进4
34. 车二退五　炮9退1　　35. 车二进四　车6进2
36. 前炮进一　车6平3　　37. 后炮退一　车3进2
38. 车二进二　卒5平4　　39. 车二平六　炮9进3
40. 车六退二　马6进5　　41. 车六退二　马5退6
42. 后炮退一　炮9退3　　43. 后炮进二　卒9进1
44. 车六平一　马6退5　　45. 兵九进一　马5进4

46. 马七退六　马4退6
47. 马六进五　车3退1
48. 车一平四　马6进5
49. 后炮退二　马5退7
50. 车四进二　车3平6
51. 马五进四　后马进9
52. 后炮平一　马9进8
53. 炮三退二　炮9平5
54. 帅五平六　炮5退1
55. 相三进五　马7进8
56. 马四进二　前马退6（图2）

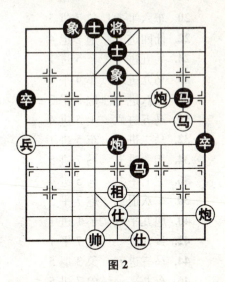

图2

第154局　欧阳琦琳胜刚秋英

（2004 年 4 月 17 日弈于成都全国象棋团体赛）

顺炮左肋车探下二线对巡河车

1. 炮二平五　炮8平5　　2. 车一进一　马8进7
3. 马二进三　车9平8　　4. 车一平六　车8进4
5. 车六进七　马2进3　　6. 车六平七　马7退5
7. 马八进九　炮5平7
8. 车七平六　炮7退1（图1）
9. 车六退四　象3进5
10. 车九进一　车8平6
11. 炮八平七　车1平2
12. 兵九进一　炮7进5
13. 相三进一　马5进7
14. 车九平八　炮2进2
15. 兵七进一　士4进5
16. 兵五进一　车6进2
17. 兵七进一　象5进3
18. 车八进三　炮7退2
19. 车六进二　车6平7?

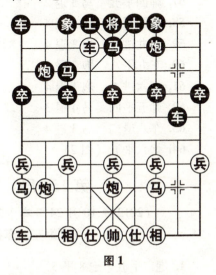

图1

20. 车六平七!	象7进5	21. 车七进一	车2平4
22. 仕四进五	炮2退4	23. 马三退二	炮2平3
24. 兵五进一	卒5进1	25. 车八平四	车4进6
26. 马九进八	车4平6	27. 车四退一	车7平6
28. 马八进七	炮3平2	29. 马七退五	车6平5
30. 马五进六	士5进4	31. 车七进二	将5进1
32. 马二进三	车5进1	33. 车七退一	将5退1
34. 相七进五	马7进5	35. 车七平八	炮2平4
36. 炮七平九	马5进4	37. 相一退三	士6进5
38. 车八退二	炮7平5	39. 车八平三	马4进2
40. 炮九平八	卒1进1	41. 车三平五	炮5平7
42. 兵九进一	炮7平1	43. 车五平九	象5退7
44. 马三进五	象3退5	45. 马五进四	象5进7
46. 车九平一	象7进5	47. 车一平七	炮1平5
48. 马四退五	炮4平1	49. 帅五平四	炮1进6
50. 马五进七	炮1进3	51. 相五退七	炮5平3
52. 马七进五	马2退4		
53. 车七平九	炮1平2		
54. 车九退六	马4进3		
55. 相三进五	炮2退1		
56. 车九进四	炮2进1		
57. 帅四平五	马3退2		
58. 炮八平六	马2退4		
59. 车九进五	炮3退4		
60. 车九平八	炮2平1		
61. 炮六进二	炮1退4		
62. 帅五平四	马4退3		
63. 车八退二	马3进4		
64. 炮六平五（图2）			

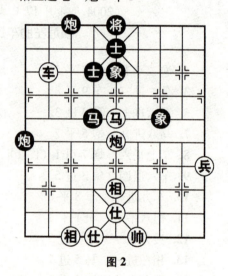

图2

第155局　蔡志强负王天一

（2012年10月24日弈于菲律宾第17届亚洲象棋锦标赛）

顺炮左肋车探下二线对巡河车

1. 炮二平五	炮8平5	2. 马二进三	马8进7

3. 车一进一 车9平8

5. 车六进七 马2进3

7. 仕六进五 卒3进1

8. 车九进一 车8平4（图1）

9. 车九平六 车4进4

10. 车六退七 卒7进1

11. 车六进三 马7进6

12. 车六平八 炮2平5

13. 车八平四 车1平2

14. 炮八平六 马6退4

15. 车四平六 马4退5

16. 马三进五 炮5进4

17. 车六退一 炮5退2

18. 兵九进一 卒1进1

19. 车六进一 象3进5

4. 车一平六 车8进4

6. 马八进九 炮2进4

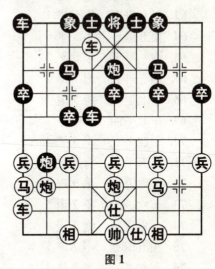

图1

20. 兵九进一 炮5平1

22. 炮五平三 卒7进1

24. 炮六平五 士4进5

26. 炮二进七 前马进4

28. 车三平九 炮1平2

30. 车九退二 车2退1

32. 车九平五 将5进1

34. 车四进三 车2进5

36. 车六退二 炮1进1

38. 车六退六 马7进6

40. 车六平九 炮1平4

42. 马九进八 象7进9

44. 车九进一 将5进1

46. 马六进七 将5平6

48. 仕四进五 马6退7

50. 马六退五 将6平5

52. 相九退七 车2进2

54. 仕五退四 车2退7

56. 帅六退一 车2平4

21. 兵三进一 车2进3

23. 车六平三 马5退3

25. 炮三平二 卒5进1

27. 炮二平一 马4进5

29. 车九进五 士5退4

31. 车九退一 马3进4

33. 车五平四 炮2进4

35. 车四平六 炮2平1

37. 仕五退六 马5退7

39. 帅五进一 卒5进1

41. 帅五平六 炮4平7

43. 车九进七 将5退1

45. 马八进六 车2平5

47. 车九退一 将6退1

49. 马七进六？ 车5平3！

51. 相七进九 车3平2

53. 车九退六 炮7退1

55. 马五进七 将5平6

57. 帅六平五 炮7进1

58. 仕四进五　车4平6！　**59.** 马七退五　车6平5

60. 相七进五　马7进6　**61.** 仕五进四　炮7退2

62. 车九进七　将6进1　**63.** 仕四退五　卒5进1

64. 相五退三　卒5平6　**65.** 车九平七　将6平5

66. 炮一平五　车5平2

67. 相三进五　炮7退7

68. 车七退四　将5退1

69. 车七平四　卒6平7

70. 车四平五　将5平4

71. 车五平六　将4平5

72. 车六退二　象9进7

73. 车六进二　象7退5

74. 车六进一　炮7进4

75. 相五退七　卒7进1

76. 车六平一　卒7进1

77. 车一平五　卒7平6

78. 兵七进一　炮7退3（图2）

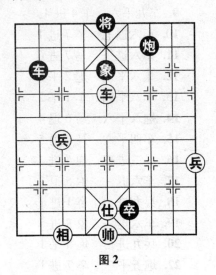

图2

第四章　左肋车对补左士和过河车

第一节　黑补左士变化

第156局　刘殿中胜郑乃东

（1993年8月15日弈于青岛全国象棋个人赛）
顺炮左肋车对补左士

1. 炮二平五	炮8平5	**2.** 马二进三	马8进7
3. 车一进一	车9平8	**4.** 车一平六	士6进5（图1）
5. 车六进七	马2进3	**6.** 车六平七	炮2进2
7. 兵七进一	车1进2	**8.** 兵七进一	卒3进1
9. 炮八平七	士5进4		
10. 车七平三	车8进2		
11. 车三进一	马7退6		
12. 车九进一	车8平6		
13. 车九平六	士4进5		
14. 车三退三	马3进4		
15. 车三平五	车1平2		
16. 兵三进一	象3进1		
17. 马八进九	马4进6		
18. 马三进四	车6进3		
19. 车六进五	炮2进3		
20. 炮七退一	车2进4		
21. 炮七平二	炮5进4		

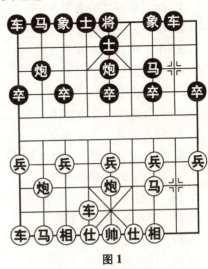

图1

191

22. 炮二平五！　炮 5 进 2　　**23.** 仕六进五　　象 1 退 3

24. 车六进一　　车 2 平 3　　**25.** 车六进一　　车 3 进 3

26. 仕五退六　　马 6 进 5　　**27.** 车五平一！（图2）

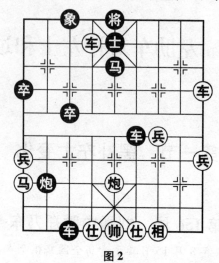

图2

第 157 局　王嘉良胜张东禄

（1954 年 3 月 3 日弈于哈尔滨友谊赛）

顺炮左肋车对补左士

1. 炮二平五　　炮 8 平 5

2. 车一进一　　马 8 进 7

3. 车一平六　　车 9 平 8

4. 马二进三　　士 6 进 5

5. 车六进七　　马 2 进 1

6. 兵九进一　　车 8 进 6

7. 马八进九　　车 8 平 7

8. 车九进一　　卒 7 进 1（图1）

9. 车九平四　　卒 7 进 1

10. 车四进七　　卒 7 平 8

11. 仕六进五　　卒 8 进 1

12. 马九进八　　炮 2 进 5

13. 马八进六　　炮 2 平 7

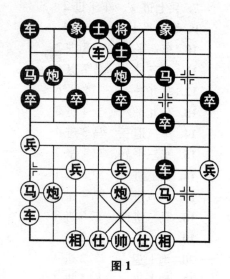

图1

14. 马六进五　车7平5
15. 炮五平八　炮7退3
16. 相三进五　车5平4
17. 车六退五　象3进5
18. 炮八进五！马7退6
19. 炮八退一！卒3进1
20. 炮八平一　象7进9
21. 车六平二　炮7平4
22. 车二平六　炮4退2
23. 炮一平二　车1平2
24. 炮二进三　象9退7
25. 炮二平四　炮4平3
26. 炮四平六　车2平4
27. 车六平三　象7进9

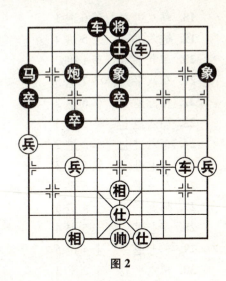

图2

28. 车三平二（图2）

第158局　许文章胜吴代明

（2013年5月3日弈于石桥铺庆"五一"象棋公开赛）

顺炮左肋车对补左士

1. 炮二平五　炮8平5　　2. 车一进一　马8进7
3. 马二进三　车9平8　　4. 车一平六　士6进5
5. 车六进七　马2进1
6. 兵九进一　车8进6
7. 炮五平六　车8平7
8. 相七进五　炮2平4（图1）
9. 车六平八　卒3进1
10. 仕六进五　炮5进4
11. 马三进五　车7平5
12. 炮八进五！象7进5
13. 马八进九　卒3进1
14. 兵七进一　车5平1
15. 马九退七　前车平3
16. 马七进八　将5平6
17. 炮八平七　车3平6

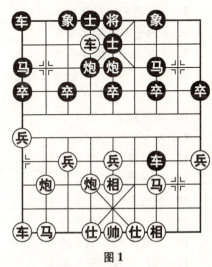

图1

18. 马八进六　车6退1

19. 炮六进五　士5进4

20. 车九平六　车1平2

21. 车八平三！马7退5

22. 相五退七　车6退2

23. 马六退七　马5进3

24. 车六进七　车2退2

25. 兵七进一　象5进3

26. 车三平七　将6平5

27. 帅五平六　士4进5

28. 车七进一　士5退4

29. 车七退一　士4进5

30. 车六平七　车2平3

31. 车七退一（图2）

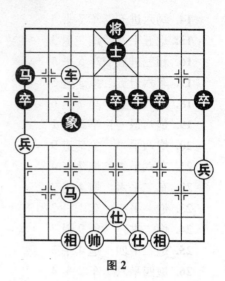

图2

第159局　常婉华胜文静

（1999年4月23日弈于漳州全国象棋团体赛）

顺炮左肋车对补左士

1. 炮二平五　炮8平5　　2. 车一进一　马8进7

3. 车一平六　车9平8　　4. 马二进三　士6进5

5. 车六进七　马2进1

6. 车六平八　炮2平4

7. 兵九进一　炮4进5

8. 炮五退一　车8进8（图1）

9. 兵九进一　卒1进1

10. 车九进五　炮4平6

11. 车九平四　炮6平4

12. 马八进九　车8平7

13. 马九进八　炮4进1

14. 炮八平九　马1进2

15. 车八退三　车7退1

16. 马八进六　车1进5

17. 炮九平五　车1平4

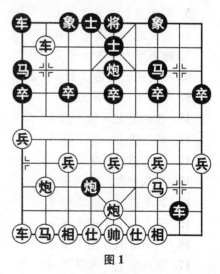

图1

194

18. 马六退四　车7进2	
19. 马四进二　车7退2	
20. 前炮进四　马7进5	
21. 炮五进五　车4进1	
22. 车八平五　车4退3	
23. 马二进四　将5平6	
24. 马四进三　炮5平6	
25. 炮五平一　车4退1	
26. 炮一进三　将6进1	
27. 炮一退一　将6退1	
28. 车四平二　车7平6	
29. 仕四进五　车6退1	
30. 车二进四　炮6平7	
31. 马三退一！炮7进4	

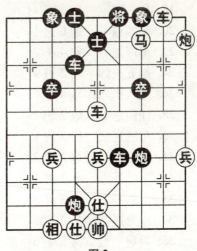

图2

32. 马一进三！（图2）

第160局　黄伯龙负谢尚有

（2011年6月12日弈于浙苏皖三省第3届城市象棋赛）

顺炮左肋车对补左士

1. 炮二平五　炮8平5	2. 马二进三　马8进7
3. 车一进一　车9平8	4. 车一平六　士6进5
5. 车六进七　马2进1	
6. 车六平八　炮2平4	
7. 兵九进一　车8进4	
8. 马八进九　炮5平6	
9. 车九进一　卒1进1	
10. 兵九进一　车8平1（图1）	
11. 车九平四　象7进5	
12. 马九进八　卒7进1	
13. 车四进五　炮4进1	
14. 车四退二　炮6退2	
15. 车八平六　炮4退	
16. 车四进四　马1进2	
17. 马八进六　后车进1	

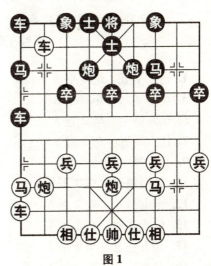

图1

195

18. 马六进五？ 后车平4！　　**19.** 马五进三　车4平1

20. 车四退一　炮6进1　　**21.** 车四进一　炮4退1

22. 车四退一　炮4平7　　**23.** 车四平三　士5进6

24. 炮五进四　马2进4　　**25.** 炮五退二　前车平2

26. 炮八平六　马4进2　　**27.** 炮六平八　车2平6

28. 仕四进五　炮7平2　　**29.** 炮五平八　车1进4

30. 车三进二　将5进1

31. 前炮进二　炮2平3

32. 车三平六　卒7进1

33. 车六平七　炮3进5

34. 车七退三　马2退3

35. 后炮平五　将5平6

36. 车七平三　卒7进1

37. 炮八平四　士6退5

38. 炮五平四　卒7进1

39. 车三退一　马3进4

40. 相七进五　马4进3

41. 帅五平四　车6进3

42. 仕五进四　车1平6（图2）

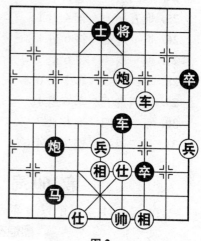

图 2

第 161 局　周伟胜孙启忠

（2009 年 2 月 16 日弈于成都第 2 届中国西部象棋精英赛）
顺炮左肋车对补左士

1. 炮二平五　炮8平5　　**2.** 车一进一　马8进7

3. 车一平六　车9平8　　**4.** 马二进三　士6进5

5. 车六进七　马2进3　　**6.** 马八进九　卒3进1

7. 仕六进五　车8进5　　**8.** 炮五平七　卒7进1（图1）

9. 兵七进一　马7进6　　**10.** 兵三进一　车8平7

11. 相七进五　车7平4　　**12.** 车六平七　炮5平7

13. 车七退一　象7进5　　**14.** 车七退一　卒3进1

15. 炮八进四　卒7进1　　**16.** 炮八平五　炮2平3

17. 相五进七　车1平2　　**18.** 车九平八　车2进9

19. 马九退八　卒7进1　　**20.** 马三退一　车4平8

21. 相七退五 炮3进5

22. 马八进七 车8进3

23. 车七退一！车8平6

24. 仕五进四？车6退1

25. 车七平五！炮7进2

26. 炮五平四 车6平5

27. 相三进五 炮7平5

28. 马一退三 炮5进3

29. 马三进四 炮5平4

30. 马四进三 炮4平7

31. 马三进五 炮7平8

32. 马五退六 卒7进1

33. 马六进八 卒1进1

34. 仕四进五 卒9进1

35. 兵五进一 马6进7

36. 兵五进一 卒7进1

37. 炮四平六 卒7平6

38. 炮六退五 将5平6

39. 马八退六 将6平5

40. 马六进四 士5进6

41. 马七进五 卒6平5

42. 帅五进一 （图2）

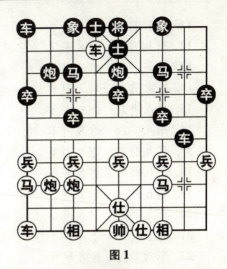

图 1

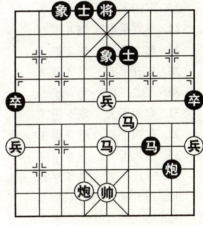

图 2

第 162 局 季本涵胜胡荣华

（1960 年 4 月 27 日弈于杭州五省市象棋邀请赛）

顺炮左肋车对补左士

1. 炮二平五 炮8平5

2. 马二进三 马8进7

3. 车一进一 车9平8

4. 车一平六 士6进5

5. 车六进七 马2进1

6. 兵九进一 炮2平4

7. 车六平八 卒3进1

8. 兵九进一 卒1进1

9. 车九进五 炮5平6

10. 炮五进四 象7进5（图1）

11. 炮五退二　车8进4
12. 车九进一　车8平7
13. 相三进五　车7进2
14. 仕六进五　马7退8
15. 马八进九　炮6平8
16. 车八平六　炮8进1
17. 车九退二　炮8退1
18. 炮八平六　将5平6
19. 炮五进二　车1平2
20. 车九平四　马8进6
21. 炮五进二　士4进5
22. 车六平五　炮8平6
23. 车四平六　炮6平8
24. 车六平四　炮8平6
26. 车四平二　车2进1
28. 车五平八　马3退2
30. 车二平四　将6平5
31. 炮四平五　象5进7
32. 车四平八　车7退1
33. 车八退一　炮6平9
34. 车八平五　将5平6
35. 车五平六　将6平5
36. 马九进八　车7平5
37. 马八进七　炮9进4
38. 车六平五　将5平6
39. 马七进六　将6进1
40. 车五平二　将6平5
41. 车二进一　将5进1
42. 马六进四！将5平6
43. 车二平五！（图2）

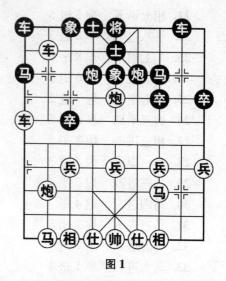

图1

25. 炮六进三　马1进3
27. 炮六平四　炮4退2
29. 车二进四　车7进1

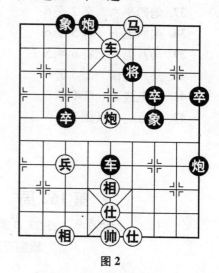

图2

第163局 李义庭胜陈德元

（1960年7月25日弈于四川棋手访问武汉表演赛）

顺炮左肋车对补左士

1. 炮二平五 炮8平5	**2.** 车一进一 马8进7
3. 马二进三 车9平8	**4.** 车一平六 士6进5
5. 车六进七 马2进1	
6. 兵九进一 车8进4（图1）	
7. 马八进九 车8平6	
8. 车九进一 炮2进2	
9. 兵七进一 炮5平4	
10. 车九平二 炮2平4	
11. 车六平八 前炮退1	
12. 马九进八 象7进5	
13. 车二进三 前炮进5	
14. 炮八退一 前炮退1	
15. 马三退二 前炮退4	
16. 车八退一 车6平4	
17. 仕四进五 车4进1	

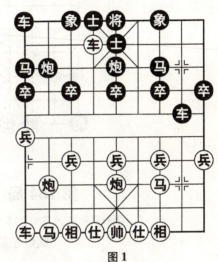

图1

18. 车二平六 后炮进3	**19.** 马八进七 前炮平6
20. 马七进六 炮6退4	**21.** 车八平五 炮4平3
22. 炮八平七 炮3进5	**23.** 车五平三 炮6平4
24. 炮五进四 士5进6	**25.** 马二进三 车1平2
26. 兵三进一 车2进4	**27.** 炮五退二 炮4平3
28. 相三进五 前炮平4	**29.** 相七进九 炮4平1
30. 车三平四 卒1进1	**31.** 兵九进一 车2平1
32. 马三进四 炮1进1	**33.** 相五退七 马1进2
34. 马四进五 士4进5	**35.** 车四平二! 象3进5
36. 车二进二 士5退6	**37.** 马五进三 将5平4
38. 车二平四 将4进1	**39.** 车四平七! 车1退3
40. 马三进四 将4进1	**41.** 车七平六 炮3平4
42. 兵七进一 象5进3	**43.** 炮五平六 象3退5
44. 炮六退三 马2进3	**45.** 兵五进一 马3进4

46. 兵五进一　马4退5　　　　**47.** 兵五进一　马5退6

48. 马四退二　车1退1　　　　**49.** 马二退三（图2）

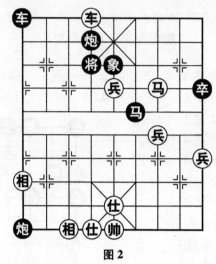

图2

第164局　周伟负党斐

（2007年9月26日弈于樊王杯湖北象棋大奖赛）

顺炮左肋车对补左士

1. 炮二平五　炮8平5　　　　**2.** 车一进一　马8进7

3. 车一平六　车9平8

4. 马二进三　士6进5

5. 车六进七　马2进3

6. 马八进九　炮2进2

7. 车六退二　炮5平6

8. 车六平七　象7进5（图1）

9. 兵三进一　车8进6

10. 马三进四　炮2平6

11. 兵三进一　车8平6

12. 兵三平四　车6退1

13. 兵四平五　车1平2

14. 车九平八　车2进4

15. 炮八平七　车2进5

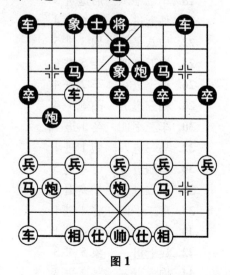

图1

16. 马九退八 卒7进1	17. 仕六进五 卒5进1
18. 车七平三 马7退6	19. 炮五进三 车6进1
20. 车三退一 车6平5	21. 车三平四 马3进5
22. 相七进五 马6进7	23. 车四平三 将5平6
24. 炮五平四 炮6进7	25. 马八进六 车5退2
26. 车三退四 炮6退3	27. 炮四进一 马7进8
28. 车三进五 车5平4	29. 马六进八 车4平2
30. 马八退七 马5进4	31. 炮七平六 炮6平1
32. 炮四退六 卒1进1	33. 车三退二 马4退5
34. 兵一进一 将6平5	35. 炮六平九 马5进6
36. 马七进六 炮1退1	
37. 相五进七 车2平5	
38. 炮九进一 炮1平2!	
39. 车三进四 卒1进1	
40. 炮九退二 炮2退4	
41. 车三退四 炮2进2	
42. 相七退五 炮2平5	
43. 马六进七 车5平3	
44. 炮四进三 炮5进2	
45. 车三退三 炮5平9	
46. 车三进三 炮9进1	
47. 炮四平五 将5平6	
48. 仕五退四 卒1平2	
49. 炮九平四 马6进5! (图2)	

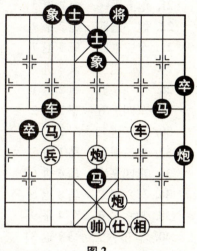

图2

第165局 李义庭和季本涵

(1964年5月17日弈于杭州全国象棋个人赛)

顺炮左肋车对补左士

1. 炮二平五 炮8平5	2. 车一进一 马8进7
3. 马二进三 车9平8	4. 车一平六 士6进5
5. 车六进七 马2进1	6. 兵九进一 车8进6
7. 马八进九 车8平7	8. 车九进一 炮2进2
9. 车九平四 炮2平7	10. 马九进八 炮7进3 (图1)

11. 车四进七　炮 5 进 4

12. 仕六进五　炮 7 平 2

13. 车四平三　象 7 进 5

14. 车三退一　车 1 平 2

15. 帅五平六　车 2 进 1

16. 车六退五　炮 2 进 2

17. 相七进九　炮 5 平 6

18. 车三平二　车 2 进 4

19. 车二进二　炮 6 退 6

20. 车六平三　车 2 平 1

21. 炮五平一　炮 2 退 5

22. 炮一进四　炮 2 平 7

23. 车三平四　象 5 退 7

24. 车二退三　象 3 进 5

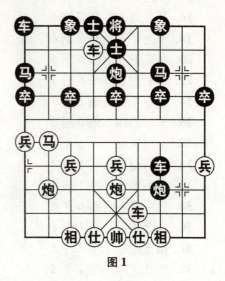

图 1

26. 炮一平五　炮 2 退 1

25. 车二平三　炮 7 平 2

28. 车四进五　车 2 退 2

27. 炮五平八　车 1 平 2

30. 车三进三　车 2 平 3

29. 相三进五　车 2 进 3

32. 车三退五　马 1 进 2

31. 兵一进一　卒 1 进 1

34. 车四平六　马 4 进 6

33. 车四退四　马 2 退 4

36. 车六平二　马 8 退 6

35. 车六进一　马 6 退 8

38. 帅六平五　车 4 平 9

37. 车三平五　车 3 平 4

40. 车五平二　马 7 退 8!

39. 兵一进一　马 6 进 7!

41. 前车进二　车 9 退 2

42. 前车平五　卒 3 进 1

43. 车五平九　车 9 平 5

44. 车九退二　车 5 进 3

45. 车九平七　车 5 退 5

46. 车二进一　车 5 进 1

47. 车七平四　车 5 退 1

48. 车四进三　车 5 进 1

49. 帅五平六　车 5 平 4

50. 仕五进六　车 4 进 4

51. 帅六平五　车 4 平 5

52. 帅五平六　车 5 平 1（图 2）

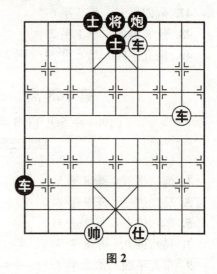

图 2

第166局 贾俊胜杨继军

(2010年12月5日弈于北京的北京市象棋个人锦标赛)

顺炮左肋车对补左士

1. 炮二平五　炮8平5　　　2. 马二进三　马8进7

3. 车一进一　车9平8　　　4. 车一平六　士6进5

5. 车六进七　马2进1　　　6. 兵九进一　卒7进1

7. 马八进九　车8进6　　　8. 车九进一　炮2平4

9. 马九进八　车8退1?

10. 兵三进一!　车8平7（图1）

11. 马八进六　车1平2

12. 马六进四　车2进7

13. 车九平四　炮5平6

14. 马四退三　卒7进1

15. 车四进五　象7进5

16. 兵五进一　车2退3

17. 炮五进四　炮6退1

18. 车六退一　马7进5

19. 车六退五　卒7进1

20. 马三退二　炮6平7

21. 车四平五　炮7进8

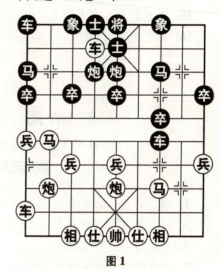

图1

22. 仕四进五　车2平8　　　23. 相七进五　炮7退1

24. 马二进一　炮7平9　　　25. 马一进三　车8进5

26. 仕五退四　炮9进1　　　27. 车六进四　车8退3

28. 仕四进五　车8平7　　　29. 帅五平四　车7平6

30. 帅四平五　车6平3　　　31. 兵五进一　车3平1

32. 车六进二　车1退1　　　33. 车五进一　车1平8

34. 仕五进四　马1退3　　　35. 车五退一　马3进2

36. 车五平七　马2进1　　　37. 车六平七　马1进2

38. 后车退四　车8进4　　　39. 帅五进一　车8退1

40. 帅五退一　马2进1　　　41. 前车进一　车8进1

42. 帅五进一　炮9平4　　　43. 前车退三　炮4退7

44. 帅五平四　炮4平6　　　45. 兵五平四　车8退1

46. 帅四退一　炮 6 退 2

47. 兵四进一　车 8 退 1

48. 相五退七　车 8 进 2

49. 帅四进一　卒 1 进 1

50. 帅四平五　卒 1 进 1

51. 兵四进一　车 8 退 3

52. 兵四进一　车 8 平 5

53. 后车平五　车 5 进 1

54. 相七进五　炮 6 平 7

55. 相五退七　卒 1 进 1

56. 车七进三（图 2）

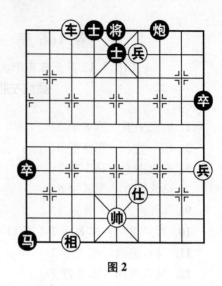

图 2

第 167 局　周剑武胜李富生

（2003 年 4 月 24 日弈于兰州全国象棋团体赛）

顺炮左肋车对补左士

1. 炮二平五　炮 8 平 5

2. 车一进一　马 8 进 7

3. 马二进三　车 9 平 8

4. 车一平六　士 6 进 5

5. 车六进七　马 2 进 1

6. 车六平八　炮 2 平 3

7. 兵九进一　车 8 进 5

8. 兵九进一　卒 1 进 1

9. 车九进五　车 8 平 4

10. 马八进九　炮 5 平 4（图 1）

11. 仕六进五　象 7 进 5

12. 车八退四　车 4 平 2

13. 马九进八　卒 3 进 1

14. 兵三进一　炮 3 退 1

15. 车九进一　炮 3 平 1

16. 车九平八　马 1 退 3

17. 车八平九　炮 4 平 1

18. 车九平七　前炮进 7

19. 相七进九　马 3 进 1

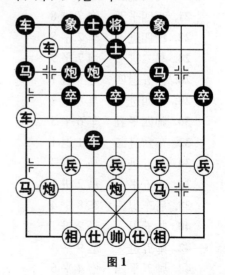

图 1

20. 车七平八	前炮平2	**21.** 马三进四	炮1平3
22. 马四进六	车1进1	**23.** 马六进七	车1退1
24. 炮八进一	卒3进1	**25.** 兵七进一	炮3进4
26. 炮五平七	马1退3	**27.** 车八平七	车1进6
28. 车七退二	车1平2	**29.** 车七平六	炮2退4
30. 炮七进六	炮2退3	**31.** 马七退六	炮2平4
32. 马六进四	炮4平3	**33.** 炮七平六！	车2平5
34. 马四进三	将5平6	**35.** 车六平四	士5进6
36. 炮六退六	将6进1	**37.** 炮六平四	将6平5
38. 车四平八	炮3退1	**39.** 车八进四	炮3平4
40. 炮四平二	车5平8	**41.** 帅五平六	车8平4
42. 帅六平五	车4平8	**43.** 帅五平六	车8平4
44. 帅六平五	车4平8	**45.** 帅五平六	车8平4
46. 帅六平五	车4平8	**47.** 帅五平六	车8平4
48. 帅六平五	车4平8		
49. 帅五平六	将5平6		
50. 车八平六	士6退5		
51. 炮二平四	车8平9		
52. 车六退三	士5退6		
53. 车六平四	将6平5		
54. 车四平六	将5平6		
55. 车六平四	将6平5		
56. 车四进二	马7退9		
57. 车四进二！	车9平4		
58. 帅六平五	马9退7		
59. 炮四平二	车4平8		
60. 炮二平五	马7进9		

61. 马三退四（图2）

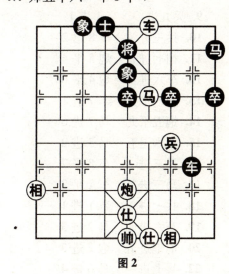

图2

第二节　黑过河车变化

第 168 局　程吉俊胜苗利明

（2013 年 6 月 16 日弈于山西秀容御苑杯象棋公开赛）

顺炮左肋车对过河车

1. 炮二平五	炮 8 平 5	**2.** 马二进三	马 8 进 7
3. 车一进一	车 9 平 8	**4.** 车一平六	车 8 进 6
5. 马八进七	卒 3 进 1	**6.** 车六进三	马 2 进 3
7. 炮五退一	象 3 进 1		
8. 兵九进一	士 4 进 5（图 1）		
9. 兵九进一	卒 1 进 1		
10. 兵三进一	车 8 退 2		
11. 相七进五	炮 5 平 4		
12. 车六进二	炮 4 平 6		
13. 炮八平九	卒 7 进 1		
14. 炮五平九	马 7 进 6		
15. 车六退五	马 3 进 2		
16. 兵三进一	车 8 平 7		
17. 马三进二	车 1 平 3		
18. 兵七进一	卒 1 进 1		
19. 车六进四	马 2 进 3		

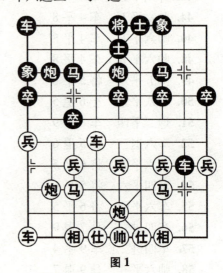

图 1

20. 前炮进五	炮 2 进 2	**21.** 车六平七	车 3 进 4
22. 兵七进一	马 6 进 4?	**23.** 兵七平八!	车 7 平 2
24. 后炮平七	车 2 平 3	**25.** 车九平八	马 4 进 3
26. 车八进九	士 5 退 4	**27.** 炮九进二	将 5 进 1
28. 车八退一	将 5 进 1	**29.** 车八退六	后马进 5
30. 相三进五	马 3 退 2	**31.** 炮七进三	车 3 平 8
32. 炮七平五	将 5 平 4	**33.** 炮五平九（图 2）	

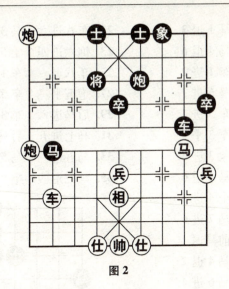

图2

第169局 申鹏胜李永勤

（2008 年 11 月 5 日弈于佛山松业杯全国象棋个人赛）

顺炮左肋车对过河车

1. 炮二平五　炮 8 平 5
2. 车一进一　马 8 进 7
3. 马二进三　车 9 平 8
4. 车一平六　车 8 进 6
5. 兵七进一　士 6 进 5
6. 马八进七　炮 2 平 4（图1）
7. 车九平八　马 2 进 1
8. 炮八进一　车 8 退 2
9. 兵三进一　卒 1 进 1
10. 马三进四　炮 4 平 2
11. 车八平九　卒 3 进 1
12. 车六进四　车 8 平 4
13. 马四进六　卒 3 进 1
14. 兵九进一　炮 2 平 4
15. 兵九进一　卒 3 进 1
16. 马六退七　马 1 进 3
17. 前马进八　炮 4 平 1
18. 车九平八　马 3 进 1
19. 马八进六　炮 1 平 4

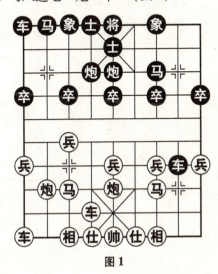

图1

20. 炮八平九　马1退3　　　21. 车八进六　马3进4

22. 炮九平六　马4退6　　　23. 炮六进四　士5进4

24. 马六退七　车1进2　　　25. 车八退一　车1平3

26. 相七进九　马6进7　　　27. 炮五平三　卒5进1

28. 车八平五　车3进1　　　29. 后马进六　车3进1

30. 马六进四！车3平5　　　31. 马七进五　后马进5

32. 马四进五！象3进5　　　33. 马五进三　马5进4

34. 仕六进五　马4退6　　　35. 马三退四　卒9进1

36. 炮三平六　士4进5

37. 炮六进一　马7进6

38. 仕五进四　前马退4

39. 帅五进一　马4退2

40. 相三进一　马6进4

41. 帅五平四　马2进3

42. 炮六退三　马3退5

43. 仕四进五　马5退3

44. 相九进七　马4进6

45. 炮六进二　马3退1

46. 帅四退一　马1退3

47. 马四进三　马3退1

48. 炮六进一　马6进8

49. 马三退一　（图2）

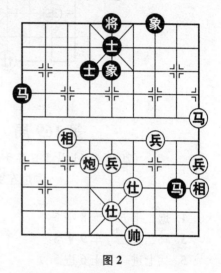

图2

第五章　近代名手及古谱经典战局

第 170 局　顺炮横车破直车弃马①

（摘自明代古谱《橘中秘》）
著名弃马 13 着

1. 炮二平五　炮 8 平 5
2. 马二进三　马 8 进 7
3. 车一进一　车 9 平 8
4. 车一平六　车 8 进 6
5. 车六进七　马 2 进 1
6. 车九进一　炮 2 进 7?（图 1）
7. 炮八进五!　马 7 退 8
8. 炮五进四　士 6 进 5
9. 车九平六!　将 5 平 6
10. 前车进一!　士 5 退 4
11. 车六平四　炮 5 平 6
12. 车四进六　将 6 平 5
13. 炮八平五（图 2）

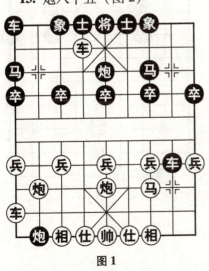

图 1

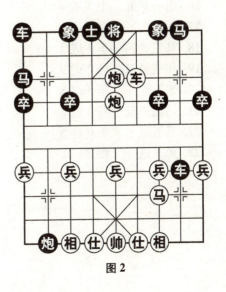

图 2

第 171 局　顺炮横车破直车弃马②

（摘自明代古谱《橘中秘》）

1. 炮二平五　炮 8 平 5
2. 马二进三　马 8 进 7
3. 车一进一　车 9 平 8
4. 车一平六　马 2 进 1
5. 车六进七　卒 1 进 1
6. 兵九进一　卒 1 进 1（图 1）
7. 车九进四　炮 2 进 7?
8. 炮八进五!　车 8 进 2
9. 车六平三!　车 1 平 2
10. 炮八平三　象 7 进 9
11. 炮五进四　士 4 进 5
12. 车九平六　车 2 进 4
13. 车六进四!　车 2 平 5
14. 炮三平一!　车 8 退 2
15. 车三退一　车 5 退 1
16. 炮一平五　士 5 退 4
17. 兵三进一　马 1 进 2
18. 马三进四　车 5 进 3
19. 相三进五　马 2 进 3
20. 炮五退一　车 5 退 3
21. 马四进五　马 3 进 5
22. 马五进七　士 6 进 5
23. 帅五进一（图 2）

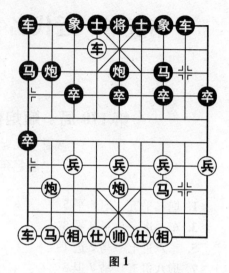

图 1

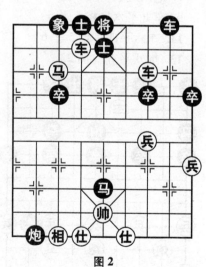

图 2

第172局　顺炮横车破直车弃马③

（摘自明代古谱《橘中秘》）

1. 炮二平五　炮8平5
2. 马二进三　马8进7
3. 车一进一　车9平8
4. 车一平六　车8进6
5. 车六进七　马2进1
6. 车九进一　士6进5（图1）
7. 车九平四　炮2平4
8. 车四进七　车1平2
9. 炮八进六　卒3进1
10. 炮五平八　马1进3
11. 后炮进七　马3退4
12. 后炮平七　车8平7
13. 马三退一　炮5进4
14. 炮八退二　炮4进2
15. 帅五进一　车7进2?
16. 帅五进一　车7平9?
17. 炮八平七!　象3进1
18. 前炮平八!　士5进4
19. 车四平六!　炮4退3
20. 炮七进二　士4进5
21. 炮八进一　（图2）

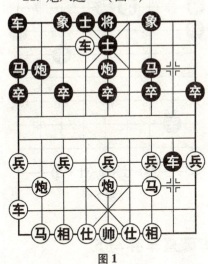

图1

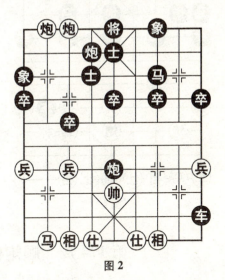

图2

第 173 局　顺炮横车破直车弃马④

（摘自明代古谱《橘中秘》）

1. 炮二平五　炮8平5
2. 马二进三　马8进7
3. 车一进一　车9平8
4. 车一平六　士4进5
5. 车六进七　马2进1
6. 兵七进一　车8进6（图1）
7. 马八进七　车8平7
8. 马七进六　卒7进1
9. 马六进七　炮2平4
10. 马七进五　象7进5
11. 炮八进五　马7进6
12. 炮五进四　车7进1?
13. 炮五平三!　车7平2
14. 炮八平五!　马6退5
15. 炮三进三（图2）

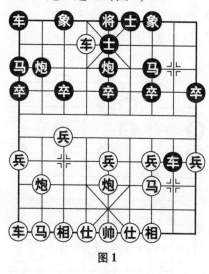

图1

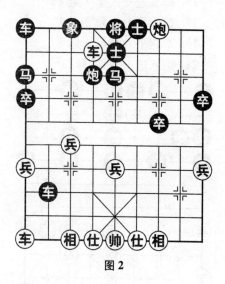

图2

第 174 局　顺炮横车破直车弃马⑤

（摘自明代古谱《橘中秘》）

1. 炮二平五　炮8平5
2. 马二进三　马8进7
3. 车一进一　车9平8
4. 车一平六　车8进4
5. 马八进九　马2进1
6. 兵九进一　卒1进1（图1）
7. 兵九进一　车8平1
8. 车六进六　炮2进4
9. 仕六进五　士4进5!
10. 车六平八?　马1进2!

11. 车八退二　炮2平1！（图2）

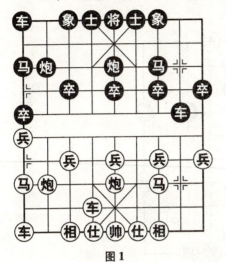

图1

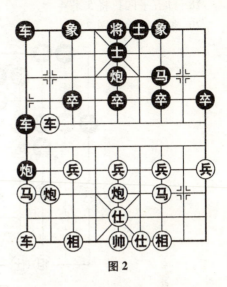

图2

第175局　连学正胜沈志弈

（20世纪初民国近代名家精彩对局）

顺炮左肋车对过河车

1. 炮二平五　炮8平5		**2. 车一进一　马8进7**
3. 马二进三　车9平8		**4. 车一平六　车8进6（图1）**

5. 车六进七　马2进1

6. 车九进一　车8平7

7. 车九平四　炮2进7

8. 车四进六　车1平2

9. 炮八平六　炮2退7

10. 炮六进五　士4进5

11. 车四平三　车7进1

12. 炮五进四　车7平6

13. 车三进二　车6退6

14. 仕四进五　炮2进1

15. 炮五退一　卒3进1

16. 炮六退一　马1进3

17. 车六平五！！　车6平5

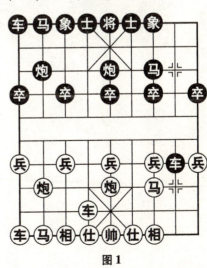

图1

18. 帅五平四！将5平4　　　　**19.** 车三平四　将4进1

20. 炮五平六（图2）

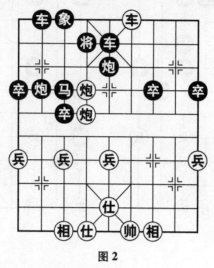

图2